古典文獻研究輯刊

七　編

潘美月・杜潔祥　主編

第 16 冊

魏晉南北朝家訓之研究

林素珍　著

國家圖書館出版品預行編目資料

魏晉南北朝家訓之研究／林素珍著 — 初版 — 台北縣永和市：
花木蘭文化出版社，2008〔民97〕

目 4+160 面：19×26 公分
（古典文獻研究輯刊 七編：第16冊）

ISBN：978-986-6657-25-2（精裝）
1. 家訓　2. 魏晉南北朝

193　　　　　　　　　　　　　　　　97001091

ISBN - 978-986-6657-25-2

9 789866 657252

古典文獻研究輯刊
七　編　第十六冊　　　　　　ISBN：978-986-6657-25-2

魏晉南北朝家訓之研究

作　　　者　林素珍
主　　　編　潘美月　杜潔祥
總 編 輯　杜潔祥
企劃出版　北京大學文化資源研究中心
出　　　版　花木蘭文化出版社
發 行 所　花木蘭文化出版社
發 行 人　高小娟
聯絡地址　台北縣永和市中正路五九五號七樓之三
　　　　　　電話：02-2923-1455／傳眞：02-2923-1452
電子信箱　sut81518@ms59.hinet.net
初　　　版　2008 年 9 月
定　　　價　七編 20 冊（精裝）新台幣 31,000 元

魏晉南北朝家訓之研究

林素珍　著

作者簡介

林素珍　台灣省桃園縣人，國立政治大學中國文學研究所博士。現任教於國立彰化師範大學國文學系，講授世說新語、兒童文學、寫作教學專題研究等課程，近年來主要的研究方向為兒童圖畫書及中學寫作教學等，著有〈試論「台灣兒童圖畫書專題研究」之教材設計〉、〈差之毫釐，失之千里——談大考寫作題考生答題的幾個面向〉等學術論文十餘篇。

提　　要

　　本論文為民國八十三年國立政治大學中國文學研究所博士論文，指導教授為李威熊先生，曾獲得八十四年度國科會之獎助，今重新排版刊行，除配合出版之需要更正標點符號及部分格式外，章節內容未作更動。茲將論文重點敘述如下：

　　就家訓發展而言，上古至西漢時期，篇章較少，而東漢則有逐漸發展之勢，至魏晉南北朝三百年間，政局動亂、異族篡擾、兵戎迭起、風氣敗壞、民生疾苦，是家訓發展史上的一個重要的轉關時期，無論在質與量上都有相當可觀的成就，文中所探討的家訓作品共分三類：其一，家誡、誡子書類；其二，遺令、遺誡類；其三，自敘類。全文共分七章，除緒論與結論外，每章之重點如下所述：

　　（一）魏晉南北朝家訓之發展背景：討論世家大族之形成與家庭教育之興盛。

　　（二）魏晉南北朝家訓之撰述目的：共有恢宏家族門第、訓誡後世子孫、寄寓人生理想等三項目的。

　　（三）魏晉南北朝家訓之主要內容：析論修身之要、治家之法、為學之方、處世之宜、敬業之則等。

　　（四）魏晉南北朝家訓之時代精神：共計有推尊門戶，讚頌祖德；注重教子，肯定母教；品評人物，效慕賢德；體儒用道，明哲保身等。

　　（五）魏晉南北朝家訓之評價：說明此代家訓在教育、倫理、社會、文學等各方面之評價。

　　此外，《顏氏家訓》是魏晉南北朝的家訓中最為著名的，所以在結論的部分特立一節討論其在家訓史上繼往開來的定位，並就施教目的、施教內容、施教方法等方面對此代家訓作一回顧與檢討，希望學界前輩給予批評與指正。

目

次

凡　例

一、本文所引用之家訓文字，以正史所載爲主，其次則採自文集、類書等相關書籍，若有缺文則以□標出。

二、本文之撰寫曾多方參考前輩學者之研究成果，爲便利敘述，除業師外，例不加名字以外之敬稱。

三、本文所列參考書目以首字筆畫多寡相次，寡者在前，多者在後，若首字筆畫相同，則比較次字而列其序，其餘類推。

第一章　緒　論

第一節　家訓源流略說

　　「家」為吾人生養成長之處，亦為安身立命之所，其影響力與重要性自難輕易忽略或等閒視之，是以古來聖哲莫不強調齊家之要與治家之法，冀由家道之健全安康進而帶動社會國家之興盛和諧。要之，中國人視「家」為現實生計之依憑、精神生活之殿堂、乃至民族生命之基石，所以特重家庭倫理與親子教育，而良好之家風、家教，則常被引為無上榮耀，並加以珍惜宏揚。由此之故，許多家族長輩往往據一己之學識涵養、生活經驗，撰為文字，以訓勉後世子孫。翻諸典籍，凡教子詩、訓子詞、誡子書、遺令、遺誡、家誡、家規、家範、家訓……等，為數甚夥，可資窺長者殷殷叮嚀之情。此類作品多非經世濟民之大典，略乏恢宏氣魄，然絮語娓娓，情意款款，樸素中有其深刻、平淡中見其豐富，正如錢穆《中國學術思想史論叢（三）》一書所言〔註1〕：

　　　　欲研究中國社會與文化，必當注重研究中國之家庭。

誠深中肯綮之論。由此，歷代家訓則可視為研究中國家庭之重要文獻，引而申之，中國社會、文化之情況亦可從中而探知。

　　我國家訓起源甚早，如《尚書・顧命》載周成王臨終遺言、《左傳》有尹逸之遺言三則、《論語・季氏》述孔子庭訓之言、《史記・魯周公世家》之〈誡子伯禽〉等，可謂家訓之濫觴，其後之發展則累世不絕，近人周法高推其來源主要有三〔註2〕：

〔註1〕見該書頁199。

〔註2〕見周法高〈家訓文學源流〉（上）、（中），《大陸雜誌》第二十二卷第二期，頁33；第三期，頁88；第四期，頁90。

其一，家誡、誡子書——指家族長輩對後世子孫之訓誡文字，諸如冠有「訓」、「誡」、「誨」、「命」、「令」、「示」、「敕」、「誥」等字辭之詩、文、書信。

其二，遺令、遺誡——即遺囑，指家族長輩臨終前訓示子孫、交代事宜之文字。

其三，自敘——乃敘述自我生命歷程或生活經驗，可資後世參考之篇章〔註3〕。

就家訓之發展而言〔註4〕，上古至西漢時期，篇章較少，其著名者有漢高祖劉邦〈手敕太子〉、東方朔〈誡子〉、劉向〈誡子歆書〉、陳咸〈誡子孫〉等篇。東漢察舉孝廉，注重氣節，故留意道德教育，發為文辭則有馬援〈誡兄子嚴敦書〉、馬融〈自敘〉、樊宏〈誡子〉、任末〈敕兄子造〉等較著稱；自朝綱濁亂，黨錮禍起，儒士備受摧殘，此亦反應於有識者之文字，如張奐〈誡兄子書〉、鄭玄〈誡子益恩書〉及〈自敘〉、張逸〈遺令〉、李文姬〈敕弟燮〉、陳惠謙〈誡兄子伯恩〉等均有名，而蔡邕〈女訓〉與〈女誡〉、班昭〈女誡〉等，則為女教之名作，是知家訓至東漢有逐漸發展之勢。

逮及魏晉南北朝，三百餘年間，政局動盪、異族篡擾、兵戎迭起、風氣敗壞、民生疾苦。有關家訓之作，較嚮者更別具時代意義，且此代撰作風氣之盛，亦為前代所難企及，無論家誡、誡子書、遺令、遺誡、自敘等各方面之家訓作品，均有著名之篇章問世，茲分類列舉如后：

一、家誡、誡子書類

主要作品計有：

△魏文帝〈內誡〉：專論寵溺佞妾之禍害，教示子孫誡防女色。

△ 王修〈誡子書〉：教子珍惜寸陰，勤勉向學。

△ 王肅〈家誡〉：主以教示子弟飲酒當適度，不可過量。

△ 嵇康〈家誡〉：誡子立志高遠，謹言慎行。

〔註3〕劉知幾《史通·序傳》言：「蓋作者自敘，其流出於中古乎？屈原《離騷經》，其首章上陳氏族，下列祖考，先述厥生，次顯名字，自敘發跡實基於此。降及司馬相如，始以自敘為傳，然其所敘者，但記自少及長，立身行事而已，逮於祖先所出，則蔑爾無聞。至馬遷，又徵三閭之故事，放文園之近作，模楷二家，勒成一卷。於是揚雄遵其舊轍，班固酌其餘波，自敘之篇，實煩於代，雖屬辭有異，而茲體無易。」而郭登峰《歷代自敘傳文鈔》一書〈編者的話〉則言：「自敘傳的作者，……他們寫的自敘傳一類的作品，不但文章作得佳美，而他們自敘求學的方法、處世的哲學，和淬勵精神與學問事業艱苦奮鬥的過程，他山之石，大可以作後人修養的借鏡。」本文之取材以單篇獨立之自敘為主，此類作品多述自我生命歷程之部份事跡，為己身經驗之表白，類似《史通》所言但敘「自少及長，立身行事而已」者，蓋作者經驗之談足為後世取式，而自家子弟尤為首要接受者，是以深具訓示之意義。

〔註4〕有關上古至魏晉南北朝家訓之細目表列，請參見附錄一。

△　王昶〈家誡〉：言明為人子之道在於寶身、全行，以顯父母。

△　殷褒〈誡子書〉：示子謙遜不驕之處世道理。

△蜀諸葛亮〈誡子書〉：誡子修身篤學之重要。

△吳姚信〈誡子書〉：教子修德行善之道。

△西晉楊祐〈誡子書〉：教示子弟處世恭慎忠敬之理。

△　夏侯湛〈昆弟誥〉：讚頌流芳之祖德，期勉諸弟手足相親以維繫家道。

△東晉陶淵明〈與子儼等疏〉：說明自我之隱逸之心境，並勉子弟以悌友之道。

△　西涼李暠〈手令誡諸子〉：教子從善如流、謙遜為懷之應世道理。

△宋文帝〈誡江夏王義恭書〉：誡子以勤儉為尚，不得驕奢放恣。

△　雷次宗〈與子侄書〉：說明己身與世無爭之情懷，期勉子侄安分守己。

△　顏延之〈庭誥〉：以孝慈悌友、淡泊省欲、勤儉誡奢、公私分明、交游貴義
　　等，教誡後輩子孫。

△齊王僧虔〈誡子書〉：誡子勤篤向學，不可依恃家門蔽蔭。

△梁簡文帝：〈誡當陽公大心書〉：教子立身謹重、為學篤實、為文騁才之理。

△　徐勉〈誡子崧書〉：說明自我清白傳家之理念。

△北魏楊椿〈誡子孫〉：誡子秉承家風，恭儉謙讓，敦睦九族。

△北齊魏收〈枕中篇〉：勉勵子侄知止知足、孝悌謙遜、謹言慎行，並勤學經術
　　文史。

△　顏之推《顏氏家訓》：共分〈序致〉、〈教子〉、〈兄弟〉、〈後娶〉、〈治家〉、〈風
　　操〉、〈慕賢〉、〈勉學〉、〈文章〉、〈名實〉、〈涉務〉、〈省事〉、〈止足〉、〈誡
　　兵〉、〈養生〉、〈歸心〉、〈書證〉、〈音辭〉、〈雜藝〉、〈終制〉等二十篇，為
　　此代最著名之家訓。

△北周王褒〈幼訓〉：教子愛惜光陰，並崇孔、周之教，循釋、老之言，以為應
　　世之方。

上述諸作或專論一事，或兼及數事，大抵不離修身之要、治家之法、為學之方、處
世之宜、敬業之則等，均為此代家訓之主要內涵。

二、遺令、遺誡類

　　此類家訓作品多主儉葬，重要作品計有：魏武帝曹操之〈遺令〉，其人以帝王之
尊提倡節喪，對當世厚葬之風氣頗有導正扭轉之功效。其他如魏沐並〈豫作終制誡
子孫儉葬〉、西晉皇甫謐〈篤終〉、梁顧憲之〈終制〉等諸作，則反覆論敘、援引例
證以說明厚葬之害與儉葬之要，正可顯示此代家族長輩撰作遺令教誡後輩子孫節葬

之一般心聲。

三、自敘類

主要作品計有：

△**魏文帝曹丕**〈自敘〉：主在闡述自我成長之過程。

△宋范曄〈獄中與諸甥侄書以自敘〉：說明自我為文之心得，以及撰作《後漢書》之理想。

△梁元帝〈自敘〉：言明一己勤於學問之事。

△　王筠〈自敘〉：敘述己身為學之道。

△　江淹〈自序傳〉：說明自我喜於文學以及歸隱山林之心志。

△　蕭子顯〈自敘〉：闡論一己自然為文之方法。

△陳江總〈自敘〉：論述自我沖淡恬靜、忘懷得失之人生態度。

此類自敘文不若一般自傳，載明其人姓氏、籍貫、家世、仕宦、成就等，而僅言其生平之一二事以對，然要皆人生歷練、經驗之說，出語平易，足可為後人之參考資據。

由上述說明可知此代家訓，除撰作風氣興盛外，其所述內容亦大開前人堂廡。再者，就家訓史之發展而言，魏晉南北朝實一重要階段，前此篇章零星，後此則多撰成書，如唐狄仁傑《家範》、盧僎《盧公家範》、柳玭《序訓》；宋司馬光《司馬溫公家範》、袁采《袁氏世範》、真德秀《真西山先生教子齋規》、葉模《石林過庭錄》、趙鼎《家訓筆錄》、葉夢得《石林家訓》、陸游《放翁家訓》；元鄭太和《鄭氏規範》、鄭泳《義門鄭氏家儀》；明曹端《家規輯略》、龐尚鵬《龐氏家訓》、袁黃《訓家俗說》、吳麟徵《家誡要言》、楊士奇《東里家訓》、霍韜《霍文敏公家訓》、高攀龍《高子家訓》、楊繼盛《楊忠愍公遺筆》；清聖祖《庭訓格言》、朱用純《治家格言》、蔣伊《蔣氏家訓》、張英《聰訓齋語》、紀大奎《敬義堂家訓》、曾熙丙《曾氏家訓》、許汝霖《德星堂家訂》、孫逢奇《孝友堂家規》、呂留良《呂晚邨家訓》、王師晉《資敬堂家訓》等，均是其例。是知此代前承三代兩漢以來家訓之源始，而後啟唐、宋、元、明、清各代家訓之開展，儼然為一主要之轉關時代，其承先啟後之地位，別具歷史意義。

第二節　研究動機與方法

相對於西方各民族，中國之家族制度無疑為一恆常性、穩定性之結構組織，有其講究倫常、敦睦親族、共居互助等優點。古人雖未特別標榜家庭教育，然各家族之家規、家訓所論之治家理念以及教子原則，往往可作為現代人管理家庭之參考。尤其現代家庭隱含許多危機，諸如婚姻觀念之薄弱、親子關係之疏離、財產分配之

紛爭、親屬往來之淡漠等，連帶使得社會問題層出不窮，是以就傳統文化之復興與開創而言，董理與研究中國家訓，從而汰蕪存菁並賦予時代之新意義，誠可挽救現代家庭之迷惘與困境。家訓——此一優秀之文化遺產，實值得吾人重視並加以發揚光大。

就家訓發展史觀之，我國歷代均有重要作品問世，而魏晉南北朝家訓乃居轉關地位，往昔學界前輩每多集中於《顏氏家訓》之整理與研究，如周法高《顏氏家訓彙注》、王叔岷《顏氏家訓斠補》、王利器《顏氏家訓集解》、李師振興《新譯顏氏家訓》、伍振鷟《顏之推之人生哲學與教育思想》、龔菱《顏氏家訓闡論》、林文寶《顏之推及其思想述要》、顏廷璽《顏氏家訓研究》、尤雅姿《顏之推及其家訓之研究》等，著作豐贍、成果斐然，均甚具學術價值。然而，全面性探討此代家訓之著作則較為少見，是以初作嘗試，希於前人鮮少涉及之範圍略作補白，其主要目的有五：

一、蒐集現存魏晉南北朝之各類家訓，並加以系統整理，以求其文獻參考之用。

二、分析此一時期家訓之主要內涵，藉由新角度以了解魏晉南北朝家庭教育之特質，並探討該時代家族制度得以維繫之潛在力量。

三、透過此代家訓所反應之社會習俗與風氣，尋繹漢魏六朝以來，時代精神之重要轉變。

四、依教育、倫理、社會、文學等不同層面，對魏晉南北朝家訓作一綜合剖析，並予以適切評價。

五、願以此習作就教於前輩學者，冀能獲得指正，並補闕汰陋，進而作為筆者研究其他時代家訓之參考，則為一有意義之事。

本文主採整體分析之觀點進行，由此，家族組織可視為一體系，並由不同之成員以固定之行為關係相結集，而各行為間則有一定之規範，以維持群體之和諧。此之「規範」意謂〔註5〕：

> 規範就是很明白的定義每一成員的權利與義務，正確的規定每一成員在何時、何地、何種情況下該作的事。每一成員該扮演何種角色，由其權利、義務、角色及功能的總體決定其在體系中的地位。

就中國家族而言，此種規範即傳統之倫理精神，而其具體之表現則在家訓或家規，蓋中國人一向強調家族關係之完整，因此強化家族向心力以及促進家族情感之家訓作品便因應而生。進而言之，同時代之家訓作品亦可被視為一整體，有其相類似之

〔註 5〕 見索羅金著、黃文山等譯《今日社會學學說》（下），頁 505。

發展背景與撰作目的，甚至內涵、價值等皆有其共通性，足可作爲當時代家庭教育與社會文化之重要表徵。

至於本文之撰寫則依以下四階段進行：

一、自各史書、別集、總集、類書、及相關文獻中，廣收此代家訓作品，作初步之時代分期，並羅列作者之相關資料，備以參考。

二、縱向分析漢魏六朝以來，家族形態與教育環境之演變，一則探究此代家訓發展之背景；一則釐析此期家訓產生之原因。

三、橫向歸納此代家訓之著作旨趣與主要內涵，標舉重點，以明其時代之精神與意義。

四、比較第二、三階段之結果，對此代家訓作一綜合評價。

以上第一階段屬原典文獻之探索，著重於材料之董理，力求完備周詳。次階段屬社會文化之探討，注重其前後之傳承關係及發展趨勢。第三階段則分析其思想內容，闡發其蘊意。第四階段屬綜合評析，與予合理定位。透過上述之研究方法與步驟，期對魏晉南北朝家訓能有一全面性之探討，而各章之內容則約略分述如下：

第一章　緒論。簡介家訓發展之源流，並說明本文之研究動機與方法。

第二章　魏晉南北朝家訓之發展背景。由魏晉南北朝世家大族之形成以及家庭教育之興盛，探討此代家訓之發展背景。

第三章　魏晉南北朝家訓之撰述目的。根據家訓立言之出發點，推述其恢宏家族門第、訓誡後世子孫、寄寓人生理想等三項撰作目的。

第四章　魏晉南北朝家訓之主要內容。依修身之要、治家之法、爲學之方、處世之宜、敬業之則等重點，闡釋此代家訓之主要內容。

第五章　魏晉南北朝家訓之時代精神。以此代講究門第之社會特徵爲基點，觀照其讚頌祖德、注重教子、肯定母教、品評人物、明哲保身之時代精神。

第六章　魏晉南北朝家訓之評價。就教育、倫理、社會、文學等各方面，對此代家訓作一評價。

第七章　結論。略論此代家訓之集大成者——《顏氏家訓》，並對本文作一回顧與檢討。

第二章　魏晉南北朝家訓之發展背景

　　家訓乃伴隨家族組織與家庭教育而生者，其發展與時代結構之變動有深切關係，因此本章將就世家大族之形成、家庭教育之興盛二方面，探討魏晉南北朝家訓之發展背景。

第一節　世家大族之形成

　　「家庭」為中國社會之基本單位，其歷史之悠久、功能之宏偉，實非他類制度所能比擬，因此時代雖有推移、人事雖有變遷，中國人濃厚之家族觀念則從未稍有易動。尤其魏晉南北朝時期，世家大族為社會發展之重要角色〔註1〕，欲研析此一時代之家訓自不得不由此著手，方能明其特有之時代背景。茲分「士庶分明，門閥活絡」與「宗族聚集，莊塢發達」二項論述之，前者重在政治層面之釐析，後者則著眼於經濟因素之探討：

一、士庶分明，門閥活絡

　　士族門閥約肇始於漢末，經三國、西晉之發展，逮及東晉而極盛，並延續至南

〔註1〕此時期以家族為中心之特殊社會階級，其名稱頗不一致，據毛漢光《兩晉南北朝士
　　　族政治之研究》，頁1統計之名稱有：
　　　指家門貴盛者：高門、門戶、門第、門地、門望
　　　指身分華貴者：膏腴、膏梁、甲族、華僑、貴遊
　　　指權勢顯赫者：勢族、勢家、貴勢
　　　指家族綿延者：世家、世胄、門胄、世族、金張世族
　　　指姓氏觀點者：著姓、右姓
　　　指社會地位者：門閥、閥閱
　　　指家族名聲者：名族、高族、高門大族
　　　指政治、文化、社會者：士流、士族

北朝。原來漢初有任子蔭庇之制，而朝廷對仕宦子弟之教育亦多所設想，是以其人更易進入仕途。至東漢大興儒學，從學名師蔚為風氣，加以察舉之制試以「家法」〔註2〕，因此家學門戶日深，至其末流，則演為「權富子弟，多以人事得舉」之情況〔註3〕，由家學傳遞而得仕宦傳承，各世家大族遂得漸次形成。其後，曹魏創行九品中正之制，希能「從眾」、「從賢」，以拔舉人才〔註4〕，雖有「注重鄉里清議、銓定方法詳慎、吏部官人便利」之成效〔註5〕，然其弊端亦不少，尤有重者則為門閥權勢之鞏固推波助瀾，官人之法終為士族所把持，造成士、庶二階層之明顯區別〔註6〕，前者享有一切特權，後者無所依憑，《晉書・劉毅傳》言及：

> 今之中正，不精才實，務依黨利；不均稱尺，務隨愛憎。所欲與者，獲虛以成譽；所欲下者，吹毛以求疵。高下逐強弱，是非由愛憎，隨世興衰，不顧才實，衰則削下，興則扶上，一人之身，旬日異狀。或以貨賄自通，或以計協登進，附託者必達，守道者困悴。無報於身，必見割奪；有私於己，必得其欲。是以上品無寒門，下品無勢族，暨時有之，皆曲有故，慢主罔時，實為亂源。損政之道一也。

可知九品中正之法，專以家世為斷，不顧才能之優劣，列上品者，集優渥於一身；列下品者，則難有伸展之餘地，由是攀龍附鳳者不惜通賄自利，枉曲人格，是知其弊端叢生，然卻延用三百餘年而不衰，其間偶有提攜寒門者，如西晉傅暢〈自敘〉言及：

> 時請定九品，以余為中正，余以祖考歷代掌州鄉之論，又兄宣年三十五，立為州郡令，余以少年，復為此任，故至於上品，以宿年為先，是以鄉里素滯屈者，漸得敘也。

傅氏出生士族，累世主掌鄉議，雖為鄉里素滯者通解，然於時代之風氣影響不大，《二十二史劄記》卷八〈九品中正〉載：

> 高門華閥，有世及之榮，庶姓寒人，無寸進之路，選舉之弊，至此而極，

〔註2〕《後漢書・左雄傳》載東漢順帝依左雄之見，改革察舉，試以家法：郡國孝廉，古之貢士，出則宰民，宣協風教。若其面牆，則無所施用。孔子曰「四十不惑」，《禮》稱「強仕」。請自今孝廉不滿四十，不得察舉，皆先詣公府，諸生試家法，文吏課牋奏，副之端門，練其虛實，以觀異能，以美風俗。有不承科令者，正其罪法。若有茂才異行，自可不拘年齒。另，漢代察舉代有更衍。詳見劉虹《中國選士制度史》，頁28至52。

〔註3〕見《後漢書・黃琬傳》。

〔註4〕見錢穆《中國歷代政治得失》，頁52。

〔註5〕見楊筠如《九品中正與六朝門閥》，頁50至54。

〔註6〕見方炳林〈魏晉南北朝之九品中正制度〉，《教育研究所集刊》第二輯，頁137。

> 然魏晉及南北朝三、四百年莫有能改之者。蓋當時執權者，即中正高品之
> 人，各自顧其門戶，固不肯變法，且習俗已久，自帝王以及士庶，皆視爲
> 固然，而無可如何也。

所謂「有世及之榮」、「無寸進之路」，即爲當世士族與寒門地位不平等之強烈對比，亦爲此代社會之重要等級現象。此外，西晉永嘉之禍，引來五胡入侵，各士族爲保全門第，進而相互標榜，亦爲士族集團鞏固基礎〔註7〕，《宋書・志序》述及此現象：

> 自戎狄內侮，有晉東遷，中土遺氓，播徙江外。……百郡千城，流寓比屋，
> 人佇鴻雁之歌，士蓄懷本之志，莫不各樹邦邑，思復舊井。

而東晉立國依恃門閥，則更爲大事，由是士族更爲鼎盛，據《新唐書・柳沖傳》載當世重要之士族概有：

> 山東郡姓，以王、崔、盧、李、鄭爲大。
> 關中郡姓，以韋、裴、柳、薛、楊、杜爲首。
> 北人南渡者爲僑姓，以王、謝、袁、蕭爲大。
> 原居東南者爲吳姓，以朱、張、顧、陸爲首。
> 代北虜姓：元、長孫、宇文、于、陸、源、竇爲大。

彼輩活躍於斯時，無視於朝代之變易，而遞嬗相承，爲當世重要之家族組織，並有下述特徵：

（一）家長至上

世家大族以男性血緣關係爲中心，並以父系尊親之最年長者爲家長，於家族中掌有至高無上之權責，支配家族成員之經濟、教育、交遊、婚姻、職業、獎懲、娛樂等事宜〔註8〕。後輩子弟須以家長之意志爲依歸，遵稟奉行，不得擅自作爲，以致妨礙家族整體之運作，是知父系、父權、父治實爲此種家族制之主要重點，表現「家無二主，尊無二上」之絕對精神〔註9〕。

（二）嚴別尊卑

於家長制之管理下，其家族逐漸形成輩際、長幼、男女等三種尊卑等級〔註10〕。就輩際尊卑而言，主要體現於父子關係，講究遵從父志，順適父意。就長幼尊卑而言，乃指同輩兄弟依齒論序，長者爲尊，幼者爲卑，注重兄友弟恭之悌道精神。就男女尊卑而言，指家族成員男女有別，女性當遵守父權或夫權之指示，表現貞順婉

〔註7〕見萬承雍《中國古代等級社會》，頁275。另，田余慶《東晉門閥政治》，頁330。
〔註8〕見高達觀《中國家族社會之演變》，頁33至36。
〔註9〕見《禮記・坊記》。
〔註10〕見張懷承《中國的家庭與倫理》，頁77；及王玉波《歷史上的家長制》，頁59。

嫗之美德。要之，「親親、尊尊、長長、男女之有別，人道之大者也。」〔註11〕，辨明尊卑長幼倫序與夫婦男女分別為固有之倫理觀念〔註12〕，亦為世家大族之主要特色之一。

（三）謹明家規

　　家長為管理家族，諧和家庭，往往訂定家規使其成員有所遵循，不致踰越禮法，其內容包羅廣泛，如灑掃、應對、進退、孝親、敬長、悌友、事夫、守節、治家、理財、為學、處世等，大致不離親親、尊尊之禮教精神，可謂用心良苦、巨細靡遺。此外，各家族之家長多能以身作則，謹明家規，為後世子孫樹立典範，進而督責家族成員謹守典則，蓋傳統家族深負傳承之使命，唯有嚴謹治家〔註13〕，方可使家政肅然、家道興盛，而垂芳百世。

　　由上述可知，此類家族制度往往以血緣聚集為主，講究尊卑長幼之倫次，並有其內部之管理法則，《顏氏家訓・風操》言及：

> 凡宗親世數，有從父，有從祖，有族祖。江南風俗，自茲以往，高秩者通呼為尊，同昭穆者，雖百世猶稱兄弟；若對他人稱之，皆云族人。河北士人，雖三、二十世，猶呼為從伯從叔。梁武帝嘗問一中土人曰：「卿北人，何故不知有族？答云：「骨肉易疏，不忍言族耳。」當時雖為敏對，於禮未通。

宗親世代相隔甚遠，猶稱從伯、從叔者，實有違禮法習俗，然亦顯示世家大族因有整密之家規而有井然之結構組織，能於當世動亂之環境中表現高度之穩定性。

二、宗族聚集，莊塢發達

　　曹丕〈自敘〉載之：

> 董卓殺主鴆后，蕩覆王室。……家家思亂，人人自危……鄉邑望煙而奔，城郭睹塵而潰，百姓死亡，暴骨如莽。

《三國志・魏志・張繡傳》言曰：

> 是時天下戶口減耗，十裁一在，諸將封未有滿千戶者，而繡時特多。

可知自東漢末年以來，因連年之戰禍與饑饉，人口已有銳減之趨勢。《宋書・索虜

〔註11〕見《禮記・喪服小記》。
〔註12〕周師何〈傳統文化中的家族觀念〉，《中國文化復興論叢》第八集，頁376言及：在家族中，直接影響到每個人生活的，是倫理觀念，這種倫理觀念也是中國文化的一個特色。
〔註13〕杜正勝〈中國傳統社會的重心——家族〉，《大陸雜誌》第六十五卷第二期，頁57載：嚴厲家法其實也是父系主導之家族結構的必然產物。

傳》曰：

> 至乃連騎百萬，南向而斥神華，胡旆映江，穹帳遵渚，京邑荷擔，士女
> 喧惶。天子內鎮群心，外禦群寇，役竭民徭，費殫府實，舉天下以攘之，
> 而力猶未足也。既而虜縱歸師，殲累邦邑，剪我淮州，俘我江縣，喋喋
> 黔首，蹈高天，蹐厚地，而無所控告。強者為轉屍，弱者為繫虜，自江、
> 淮至於清、濟，戶口數十萬，自免湖澤者，百不一焉。村井空荒，無復
> 鳴雞吠犬。時歲惟暮春，桑麥始茂，故老遺氓，還號舊落，桓山之響，
> 未足稱哀。六州蕩然，無復餘蔓殘構，至於乳燕赴時，銜泥靡託，一枝
> 之間，連窠十數，春雨裁至，增巢已傾。雖事兆吳宮，而殲亡匪異，甚
> 矣哉，覆敗之至於此也。

戰禍、天災、屠殺，使人口大量流徙，而其時間之長、範圍之廣、人數之眾，均為
史上少有。規模較大者有二〔註14〕：其一，為漢末三國之初──有由關中流入長江
中游者，有由中原流入東北者，有由中原流入江南者。其二，為西晉永嘉之禍時─
─有由秦、雍流入蜀地者；有由巴、蜀流向荊、湘者；有由并州流向冀州者；有由
中州流向涼州者；有田中原流向東北者；有由中原流入江南者。而永嘉之流徙尤為
高潮，《宋書·志序》言之：

> 自戎狄內侮，有晉東遷，中土遺氓，播徙江外，幽、并、冀、雍、兗、豫、
> 青、徐之境，幽淪寇逆。自扶莫而裹足奉首，免身於荊、越者，百郡千城，
> 流寓比室。

而《晉書·孫綽傳》亦曰：

> 自喪亂已來六十餘年，蒼生殄滅，百不遺一，河洛丘墟，函夏蕭條，井堙
> 木刊，阡陌夷滅，生理茫茫，永無依歸。播流江表，已經數世，存者長子
> 老孫，亡者丘隴成行。雖北風之思感其素心，目前之哀實為交切。

外族入侵，燒殺虜掠，國土不保，中原人士只得向外遷徙，其中入江南者尤多，《晉
書·王導傳》曰：

> 洛京傾覆，中州士女避亂江左者十六七。

漢民族歷來以農立國，因此安土重遷之觀念甚重，一般農民百姓皆注重故里，安於
其地，若非迫於時局決不輕於流徙，《三國志·魏志·陶謙傳註》云及：

> 今海內擾攘，州郡起兵，征夫勞瘁，寇難未弭，或將吏不良，因緣討捕，
> 侵侮黎民，離害者眾；風聲流聞，震蕩城邑，丘牆懼於橫暴，貞良化為群

〔註14〕見李劍農《魏晉南北朝隋唐經濟史稿》，頁 2 至 3。

惡，此何異乎抱薪救焚，扇火止沸哉！今四民流移，託身他方，攜白首於
山野，棄稚子於溝壑，顧故鄉而哀歎，向阡陌而流涕，饑厄困苦，亦已甚
矣。

文中述及百姓流移四方，以求苟存，所謂「抱薪救焚」、「扇火止沸」實為環境所迫，
而於兵荒馬亂之際，跋涉萬里，父不保子，朝不保夕，身心困頓，備嘗苦境，《三國
志·蜀志·許靖傳》曾言：

世路戎夷，禍亂遂合。……浮涉滄海，南至交州，經歷東甌、閩、越之國，
行經萬里，不見漢地，漂薄風波，絕糧茹草，飢殍薦臻，死者大半。……
前到此郡，計為兵害及病亡者，十遺一二。生民之艱，辛苦之甚，豈可具
陳哉！

又如《晉書·載記·石季龍傳》亦言及流徙途中，道路艱辛，饑疫殺掠之情形：

與羌胡相攻，無月不戰，青、雍、幽、荊州徙戶及諸氐、胡、蠻數百餘萬，
各還本土，道路交錯，互相殺掠，且饑疫死亡，其能達者十有二三。諸夏
紛亂，無復農者。

其幸者，或達目的以苟活於世；其不幸者，則死傷途中，可謂艱辛難堪。而人口大
量流竄與死亡，則往往直接影響農業之生產力，文中「諸夏紛亂，無復農者」即說
明人口流徙波及產業為當時普遍之現象。

荒亂以來，世家大族多建塢堡以保其生命財產，並招引流人以為「部曲」，其先
為軍事團體〔註15〕，後演為生產組織之莊園，如《三國志·魏志·衛覬傳》載及：

覬書與荀彧曰：關中膏腴之地，頃遭荒亂，人民流入荊州者十餘萬家，聞
本土安寧，皆企望思歸，而歸者無以自業，諸將各競招懷，以為部曲。郡
縣貧弱，不能與爭，兵家遂強。

是知兵革迭興，塢堡常為百姓聚集，用以避亂自保之所，〈李典傳〉亦言及：

典從父乾，有雄氣，合賓客數千家在乘氏……典宗族部曲三千餘家，居乘
氏，自請願徙詣魏郡。

而〈許褚傳〉則言：

漢末，聚少年及宗族數千家，共堅壁以禦寇。

《三國志·吳志·魯肅傳註》言：

肅體貌魁奇，少有壯節，好為奇計。天下將亂，乃學擊劍騎射，招聚少年，
給其衣食，往來南山中射獵，陰相部勒，講武習兵。

〔註15〕見鞠清遠〈兩晉南北朝的客、門生、故吏、義附、部曲〉，《食貨半月刊》第二卷第
十二期，頁517。

以上所述李典、許褚、魯肅之例，乃迫於時勢，故相結聚宗族部曲以禦寇。至西晉末造，更爲盛行，如《晉書·祖逖傳》曰：

> 及京師大亂，逖率親黨數百家避地淮泗，以所乘車馬載同行老疾，躬自徒步，藥物衣糧與眾共之，又多權略，是以少長咸宗之，推逖爲行主。

〈李矩傳〉亦曰：

> 屬劉元海攻平陽，百姓奔走，矩素爲鄉人所愛，乃推爲塢主，東屯滎陽，後移新鄭。

〈魏浚傳〉云：

> 永嘉末，與流人數百家東保河陰之硤石。時京邑荒儉，浚劫掠得穀麥，獻之懷帝，帝以爲揚威將軍、平陽太守，度支如故。

而〈郗鑒傳〉則云：

> 於時所在饑荒，州中之士素有感其恩義者，相與資贍。鑒復分所得，以恤宗族及鄉曲孤老，賴而全濟者甚多，咸相謂曰：「今天子播越，中原無伯，當歸依仁德，可以後亡。」遂共推鑒爲主，舉千餘家俱避難於魯之嶧山。

〈劉遐傳〉亦載：

> 值天下大亂，遐爲塢主，每擊賊，率壯士陷堅摧鋒，冀方比之張飛、關羽。鄉人冀州刺史邵續深器之，以女妻焉，遂壁於河濟之間，賊不敢逼。

其人或如祖逖之「有才幹」、或如李矩之「有成人之量」、而魏浚之「有幹用」、郗鑒之「以儒雅著名」，劉遐之「比之張飛、關羽」〔註16〕，均爲世人所重，以遭逢離亂，故聚合宗族鄉黨，屯集塢堡，據險以守。其後，東晉肇建，塢主亦有受封爲將者，是可知其規模之宏巨。茲再舉庾袞之例爲證〔註17〕：

> 齊王同之唱義也，張泓等肆掠於陽翟，袞乃率其同族及庶姓保於禹山。是時百姓安寧，未知戰守之事，袞曰：「孔子云：『不教而戰，是謂棄之。』」乃集諸群士而謀曰：「二三君子相與處於險，將以安保親尊，全妻孥也。古人有言：『千人聚而不以一人爲主，不散則亂矣。』將若之何？」眾曰：「善。今日之主非君而誰！」袞默然有間，乃言曰：「古人急病讓夷，不敢逃難，然人之立主，貴從其命也。」乃誓之曰：「無恃險，無怙亂，無暴鄰，無抽屋，無樵採人所植，無謀非德，無犯非義，戮力一心，同恤危難。」眾咸從之。於是峻險阨，杜蹊徑，修壁塢，樹藩障，考功庸，計丈尺，均勞逸，通有無，繕完器備，量力任能，物應其宜，使邑推其長，里

〔註16〕各見《晉書》本傳。
〔註17〕見《晉書·庾袞傳》。

推其賢，而身率之。分數既明，號令不二，上下有禮，少長有儀，將順其美，匡救其惡。及賊至，袞乃勒部曲，整行伍，皆持滿而勿發。賊挑戰，晏然不動，且辭焉。賊服其慎而畏其整，是以皆退，如是者三。

由上述可知莊主（或塢主）為莊塢之長，掌有軍事與行政之權，其宗族或一般百姓有歸附者，則施以軍事教育訓練，是為部曲；亦從事生產，是為佃客，上下各司其職，為一有機之組織。此代時局動亂，產業蕭條，朝廷無暇顧及民生之際，百姓為求自存自保，不得不寄寓莊塢，乃使各莊園塢壁大行其道，不僅有其軍事防禦之意義，亦為衰弊之農業生產傾注一線生機，梁漱溟《中國文化要義》曾云〔註18〕：

經濟為人生基本之事，誰亦莫能外，則在全部文化中其影響力之大，自不難想見。隨著社會經濟的變遷，而家庭制度不得不變，固亦人所共見之事實。

經濟結構之改變足以影響家庭制度，無論如何，此代盛行之莊塢乃再次強化世家大族之形成，並使其人享有政治、經濟之特權，為當世社會之主要階層，以下分兩點討論之：

（一）就政治而言

《晉書·段灼傳》載：

今臺閣選舉，徒塞耳目，九品訪人，唯問中正。故據上品者，非公侯之子孫，則當塗之昆弟也。二者苟然，則篳門蓬戶之俊，安得不有陸沉者哉！

可知九品之任官標準，已為士族維持政治地位之護身符，門閥子弟無論才學高低，以秘書郎、著作郎為起家官〔註19〕，均有出仕之良機，正所謂「上車不落為著作，體中何如則秘書」〔註20〕——坐車不致滾落，小小年紀即可任官；往來書信但能問候，不拘才能即可入仕。仕途對門閥而言，直如與生俱來，得之甚易。若有才幹，則官居要職，為權力之核心，如《顏氏家訓·涉務》所言：

晉朝南渡，優借士族，故江南冠帶，有才幹者，擢為令僕已下，尚書郎、中書舍人以上，典掌機要。

至於一般寒門則不然，官人之法正似不可踰越之鴻溝，阻人仕進，今觀各史書所載，即可知其言不誣，如《魏書·崔亮傳》曰：

中正不考人才行業，空辨氏族高下。

《南史·王僧孺傳》亦言：

〔註18〕見該書頁33。
〔註19〕見鄭欽仁〈九品官人法——六朝的選舉制〉，民國71年國科會論文H078，頁27至28。
〔註20〕見《顏氏家訓·勉學》。

位宦高卑，皆可依據氏族而定。

當時任官，不以人才為定奪之標準，僅留意其人姓氏家族之高下，並有法令限定其人出仕之年齡，《梁書・武帝紀》載：

> 甲族以二十登仕，後門以過立試吏。

世家大族之子弟年紀輕輕即有出仕機會，而寒門縱有青年才俊亦難以伸展，得年過三十方有任官機會，徒有「世胄躡高位，英俊沉下僚」之歎〔註21〕，則寒門與士族政治地位之不平等，實肇因於門戶觀念，諸如自曹魏以至西晉間，累世公侯均為世家大族所把持：東海王氏——王朗仕魏為司空，子王肅為散騎常侍〔註22〕，肅子王恂為河南尹，恂弟王虔為光祿勳、尚書，另弟王愷為驍騎將軍、散騎常侍〔註23〕；瑯邪王氏——王祥為魏太傅、晉太保，祥弟王覽為中太大夫，覽從孫王戎為光祿勳、吏部尚書，戎從弟王衍為太尉、尚書令〔註24〕；太原王氏——王昶仕魏為司空〔註25〕，昶子王渾為魏散騎常侍、晉尚書左僕射，渾子王濟為侍中等〔註26〕。此外，潁川荀氏、河東裴氏、清河傅氏等，亦復如此。

逮及東晉南朝時期，以瑯邪王氏、陳郡謝氏為著，前者仕晉為司徒、大將軍、開府儀同、尚書令、中書令、左右僕射者，共二十人；為尚書、將軍者，凡五十六人；為刺史、郡守者，四十一人；封公侯者二十五人。後者任職太保、太傅、尚書令、中書令、大將軍者，共十一人；為尚書、將軍者，凡十二人；為刺史、郡守者，二十四人；封公侯者八人〔註27〕，可謂累世公卿、貴顯一時。而南方朱、張、顧、陸等世家大族與東晉政權之關係亦頗為良好，是以亦活躍於當世政壇。至於北方之貴族大家，如元、長孫、宇文、于、陸、源、竇等諸氏，自能專擅政治特權，而漢族之清河崔氏、博陵崔氏、范陽盧氏、趙郡李氏、滎陽鄭氏等，亦大多顯貴於北魏王朝。《南齊書・褚淵傳》曾載：

> 自是世祿之盛，習為舊準，羽儀所隆，人懷羨慕，君臣之節，徒致虛名，貴仕素資，皆由門慶，平流進取，坐致公卿，則知殉國之感無因，保家之念宜切。

世家大族於政治之優越地位，深為寒門所企羨，且不拘君統變革、朝代改易之限，

〔註21〕見左思〈詠史詩〉。
〔註22〕見《三國志・魏志》本傳。
〔註23〕見《晉書》本傳。
〔註24〕見《晉書》本傳。
〔註25〕見《三國志・魏志》本傳。
〔註26〕見《晉書》本傳。
〔註27〕據徐揚杰《中國家族制度史》，頁215之統計。

是以其人均以保全家族門戶爲念，冀享永久之福。

（二）就經濟而言

可依兼併、私蔭、商販等三方面探討之〔註28〕：三國以來，招募百姓，屯田而耕，向爲政府產業之重要措施，然至西晉中，因時局動亂之愈甚與門閥莊塢之擴張，屯田制幾被廢棄，佃客制起而代興，私蔭佃客與私佔土地乃通行興盛，阻滯經濟之發展，因此朝廷乃加以限制，《晉書‧食貨志》有言：

> 其官品第一至於第九，各以貴賤占田：品第一者，占五十頃；第二品四十
> 五頃；第三品四十頃；第四品三十五頃；第五品三十頃；第六品二十五頃；
> 第七品二十頃；第八品十五頃；第九品十頃。而又各以品之高卑蔭其親屬，
> 多者及九族，少者三世。……又得蔭人以爲衣食客及佃客，……其應有佃
> 客者：官品第一第二者佃客毋過五十戶；第二品十戶；第四品七戶；第五
> 品五戶；第六品三戶；第七品二戶，第八品第九品一戶。

說明各官吏皆依品第貴賤，由一至九級分別領戶佔田。此種限定本在防止土地私佔，並計畫人力之歸屬，以確保國家稅收〔註29〕，然禁者自禁，世家大族佔田與募佃之勢終難止息，私人莊園普遍存在，且有擴張之勢，如《晉書‧王戎傳》言：

> 性好興利，廣收八方園田水碓，周遍天下，積實聚錢，不知紀極。

〈石苞傳〉附〈石崇傳〉亦言：

> 有司簿閱崇水碓三十餘區，蒼頭八百餘人，他珍寶貨賄田宅稱是。

及晉室南渡，情勢尤烈，朝廷雖頗思改革，希將歸附門閥、逃避賦役者，做一整頓，惜亦未能奏效，私蔭者仍多，如《晉書‧顏含傳》載：

> 王導問含曰：卿今蒞名郡，政將何先？答曰：王師歲動，編戶虛耗，南北
> 權豪，競招遊食，國散家豐，執事之憂。且將徵之勢門，使反田桑。數年
> 之間欲令戶給人足。

顏氏憂心權豪招引游民，以致編戶虛耗，乃主張積極徵民於私蔭之家，使歸於正常之生產，若非當時兼蔭嚴重，何來顏氏此論？而《南齊書‧州郡志》則述及：

> 時百姓遭難，流移此境，流民多庇大姓以爲客。元帝大興四年，詔以流民
> 失籍，使條名上有司爲給客制度。而江北荒殘，不可檢實。

逮及南北朝，百姓爲勢所迫而甘附門閥士族以求庇蔭之事依然盛行不衰。除此而外，佃客眾多，則私佔土地之行，自所不能免，如《宋書‧謝弘微傳》述及：

〔註28〕此三項乃參考王伊同《五朝門第（上）》之說法──隱戶、田宅、商販，頁115、120、
124。
〔註29〕見曾謇〈晉的占田與課田的考察〉，《食貨半月刊》第五卷第八期，頁13。

混（案：謝混）仍世宰輔，一門兩封，田業十餘處，僮僕千人，惟有二女，
年數歲，弘微經紀生業，事若在公，一錢尺帛，出入皆有文簿。……東鄉
君薨，資財巨萬，園宅十餘所，又會稽吳興、瑯琊諸處，太傅司空琰時事
業僮奴猶有數百人。

謝氏僮僕千人、園宅十餘所，儼然為一莊園王國，坐享其樂。又《魏書·李崇傳》
附〈李世哲傳〉亦曰：

世哲性輕率，供奉豪侈。肅宗末，……出為相州刺史，……世哲至州，斥
逐細人，遷徙佛寺，逼買其地，廣興第宅，百姓患之。

世家大族佔田掠地，圖謀己私，可謂享盡「地利」。其間雖有改革措施或朝廷禁令
〔註30〕，然門閥勢力難摧，幾無視於王法，是以行事效果甚為有限。

再者，此代商務貿易因海陸交通之發達而繁盛一時，是以貨販貿遷，競逐商利，
亦為門閥之專擅，《晉書·江統傳》載其人上書言時弊曰：

秦漢以來，風俗轉薄，公侯之尊，莫不殖園圃之田，而收市井之利。漸冉
相放，莫以為恥。乘以古道，誠可愧也。今西園賣葵菜、藍子、雞、麵之
屬，虧收國體，貶損令問。

又，《魏書·文成帝紀》言：

自頃每因發調，逼民假貨，大商富賈，要射時利，旬日之間，增贏十倍，
上下通同，分以潤屋。故編戶之家，困於凍餒；豪富之門，日有兼積。

其人販酤市廛，與民爭利，遂使富者愈富、貧者愈貧，朝廷知此風之不可長，雖
有禁令，惜其效甚微，官商沉戀於市利，一時積重難返，如北齊黃門侍郎司馬膺
「厚自封殖」、青州刺史盧文偉「致財積聚」〔註31〕；北周廣陵王元欣「好營產業」
〔註32〕等，即是其證。

要之，士族門閥挾其政治與經濟之特權，累世仕宦，充任要職，並從事兼併私
蔭，進而經商貿易，聚積財富，故其家族勢力日趨龐大而穩固。彼輩講究門第，重
視家風、家學之傳承，希上有賢能父兄，下有佳良子弟，以傳遞家道、維繫門戶，
雖政治秩序紊亂，社會風氣敗壞，重以官學教育不興，仍不忘設立家館、傳授家學，
以教育家族子弟〔註33〕。其人於改朝換代、國家民族漠不關心，至於出處進退、從

〔註30〕如《宋書·羊玄保傳》所載之〈壬辰詔書〉、《梁書·武帝紀》所載之〈壬寅詔書〉、
　　　　《魏書·李安世傳》所載之均田說等，均是其例。
〔註31〕各見《北齊書》本傳。
〔註32〕見《北史·元欣傳》。
〔註33〕詳見第二節。

政大節，亦不措意，所念繫關注者則在家門之內，故嚴明家規、留心家教，並據一己之學識涵養與人生經歷，撰作文字訓勉子弟，期能恢宏家族門第、寄寓人生理想，由此，各家族家長守身治家之理想、規矩準繩之所重，皆可於其家訓作品探知矣。

第二節　家庭教育之興盛

　　漢武帝採董仲舒之議，實行「獨尊儒術」之政策，一以表彰六經，罷黜百家；一以成立太學，招收學子，是以無論官學或私學均有空前之發展〔註34〕，蓋尊儒術必看重教育，而重教育亦必尊儒術。其後歷朝君主如昭帝、宣帝、元帝、光武帝、明帝、章帝等，亦多留心文教事業，使得兩漢教育呈現蓬勃氣象。惜東漢末年外戚、宦官爭權，政局陷入黑暗混亂之狀態，教育文化乃由興而衰，逮及魏晉南北朝，因時代環境之急劇變化，無論中央或地方官學均衰頹不振，所幸地方私學仍有其發展，並轉而趨向士族門閥之家學〔註35〕，重以門第中人留心家風之傳承，是以此代之家庭教育乃愈顯其重要性，以下分別述之：

一、官學不振，時興時廢

　　三國時期，魏武帝曹操、文帝曹丕、蜀昭烈帝劉備、吳大帝孫權等，均曾立學。其中魏較早，吳較晚，而蜀之國祚短，是以官學皆不發達〔註36〕。兩晉時期，如西晉武帝立太學與國子學〔註37〕；東晉元帝因王導、戴邈之請，立太學；成帝依袁瓌、馮懷之議，亦立太學；淝水戰後，謝石上書請復國學，普修學校，孝武帝納其言而

〔註34〕毛禮銳、邵鶴亭、瞿菊農等《中國教育史》，頁 155；及胡美琦《中國教育史》，頁 150 二書均肯定武帝「獨尊儒術」對教育文化之貢獻。

〔註35〕見程舜英《魏晉南北朝教育制度史資料》，頁 200。

〔註36〕（1）有關魏武帝興學之載：
　　　　　《宋書・禮志》：魏武帝於馳騖之時，以馬上爲家，逮於建安之末，風塵未弭然猶留心遠覽，大學興業，所謂顛沛必於是，眞通才也。
　　　　（2）有關魏文帝興學之載：
　　　　　《宋書・禮志》：魏文帝黃初五年，立太學於洛陽。
　　　　　《三國志・魏志・文帝紀》：（黃初五年）夏四月，立太學，制五經課試之法，置《春秋》、《穀梁》博士。
　　　　（3）有關蜀昭烈帝興學之載：
　　　　　《三國志・蜀志・許慈傳》：先主定蜀，承喪亂歷紀，學業衰廢，乃鳩合典籍，沙汰眾學。
　　　　　《三國志・蜀志・尹默傳》：（尹默）先主定益州，領牧，以爲勸學從事。
　　　　（4）有關吳大帝興學之載：
　　　　　《三國志・吳志・吳主孫權傳》：黃龍二年，詔立都講祭酒，以教學諸子。

〔註37〕《晉書・職官志》：晉初承魏制，置博士十九人。及咸寧四年，武帝初立國子學。

興學等〔註38〕，惜因時局之限制，是以官學未曾因此而振興。

至於五胡十六國，亦有仰慕中原文化而興學者，如前趙劉曜立太學、小學；後趙石勒立太學及宣文、宣教、崇文、崇訓等小學；前秦苻堅廣修學宮，詔郡國學生；後秦姚興招儒士、興儒學等〔註39〕，諸族因以濡染華風，而漢文化亦得擴張，惜干戈擾攘，教育事業均未能持之長久。

南朝期間，宋文帝頗思興學，惜因用兵而罷國子學。明帝立「聰明觀」分儒、玄、文、史四科〔註40〕，後齊武帝罷「聰明觀」，改立國學，由王儉主其事〔註41〕。至梁武帝篤志好學，立五館，置五經博士等〔註42〕，皆爲教育盛事，然朝代更迭，人亡政息，及陳朝肇立，終難成大局。

北朝比南朝安定，故學校教育較發達〔註43〕，如北魏道武、太武二帝均曾立太學；獻文帝詔高允郡國立學，爲北朝地方官學之始。而孝文、宣武二朝，太學、國子學、與四門小學並立〔註44〕，教育堪稱發達，後因東西分裂，而告終止。迨及北

〔註38〕 （1）有關王、戴言興學之載：
　　　　《晉書・王導傳》曰：「夫風化之本在於正人倫，人倫之正存乎設庠序。……自頃皇綱失統，頌聲不興，於今將二紀矣。……殿下以命世之資，屬陽九之運，禮樂征伐，翼成中興。誠宜經綸稽古，建明學業，以訓後生，漸之教義，使文武之道墜而復興，俎豆之儀幽而更彰。」
　　　　《晉書・戴逵傳》載：「逵上疏曰：『臣聞天道之所大，莫大於陰陽，帝王之至務，莫重於禮學。是以古之建國，有明堂辟雍之制，鄉有庠序黌校之儀。』……。」
　　　（2）有關袁、馮言興學之載：
　　　　《宋書・禮志》言：「國子祭酒袁瓌、太常馮懷又上疏曰：疇昔陵替，喪亂屢臻，儒林之教暫頹，庠序之禮有闕，國學索然，墳卷莫啓，有心之徒，抱志無由。……古人有言，《詩》、《書》義之府，禮樂德之則。實宜留心經籍，闡明學義，使諷誦之音，盈於京室，味道之賢，是則是詠，豈不盛哉！」
　　　（3）有關謝石興學之請：
　　　　《宋書・禮志》載：「尚書謝石又陳之曰：『今皇威遐震，戎車方靜，將灑玄風於四區，導斯民於至德。豈可不弘敷禮樂，使煥乎可觀。請復國學，以訓胄子：班下州郡，普修鄉校。』」
〔註39〕 有關劉曜、石勒、符堅、姚興等人興學之載各見《晉書・載記》本傳。
〔註40〕 明帝之「聰明觀」承文帝「四學制」──玄、儒、文、史四科而來，《通志・選舉考》：明帝泰始中，初置聰明觀，祭酒一人，有道、儒、文、史四種，科置學士十人。
〔註41〕 《南史・王儉傳》載：以國學既立，省聰明觀，於儉宅開學士館，以聰明四部書充之。
〔註42〕 《梁書・武帝紀》載：修飾國學，增廣生員，立五館，置《五經》博士。
〔註43〕 見陳青之《中國教育史》，頁161。另，田培林《教育史》，頁68，及黃振球〈中國固有大學之演進〉，《教育研究所集刊》第二輯，頁66亦持相同看法。
〔註44〕 有關北魏道武、太武、孝文、宣武四帝之興學，《北史・儒林傳》載：魏道武初定中原，雖日不暇給，始建都邑，便以經術爲先。立太學，置《五經》博士生員千有餘人。天興二年春，增國子太學生員至三千人。……太武始光三年春，起太學於城

齊、北周二朝，可書者如：北齊文宣帝下詔興學，修立孔廟；北周太祖提倡儒學、明帝設麟趾學、武帝設露門學等〔註45〕，然其建樹不多。

綜上所述，此一時期重視教育之君主不在少數，而官學卻時興時廢，成效不彰，推其原因，約有三項：

（一）時局動亂

自三國鼎立，至隋文帝一統中原，其間內亂外患，戎馬相見，時無寧日，各朝自顧政權且不暇，對於教育只得行有餘力時，方能顧及，如魏文帝積極振興學校，其下場則如《三國志‧魏志‧王朗傳》附〈王肅傳註〉所載：

> 中外多事，人懷避就。雖性非解學，多求詣太學。太學諸生有千數，而諸博士率皆粗疏，無以教弟子。弟子本亦避役，竟無能習學，冬來春去，歲歲如是。……又是時朝堂公卿以下四百餘人，其能操筆者未有十人，多皆相從飽食而退。嗟夫！學業沉隕，乃至於此。

三國紛爭，擾攘多事，學子為逃避力役，求詣太學非真為學習，致使「二十餘年，而成者蓋寡」〔註46〕，魏代教育事業較發達猶且如此，更遑論蜀、吳二國。至西晉武帝時，太學生曾達七千餘人〔註47〕，然經八王之亂與永嘉之禍，學校亦日就衰廢。東晉因「軍旅不息，學校未修」、以致「皇綱失統，禮教陵替，頌聲不興」〔註48〕，朝廷先後興學，然卻未得其效，《宋書‧禮志》載國子祭酒殷茂之言曰：

> 自學建彌年，而功無可名。憚業避役，就存者無幾，或假托親疾，真偽難知，聲實渾亂，莫此之甚。

實可謂徒興其事，勞而無功，官學未曾因此而生色。其後，南朝宋文帝、梁武帝致力教育，頗可稱許，然前者因屢次北伐，疲於征戰，遂罷國子學〔註49〕；後者晚年迷於佛法，學校漸衰，及侯景亂起，更難挽狂瀾，《陳書‧沈不害傳》言之：

> 梁太清季年，數鍾否剝，戎狄外侵，姦回內舋。朝聞鼓鼙，夕照烽火，鴻儒碩學，解散甚於坑夷，《五典》、《九丘》，淹滅踰乎帷蓋。

東。……太和中（案：太和為孝文帝年號），改中書學為國子學，建明堂、辟雍，尊三老五更，又開皇子之學。及遷都洛邑，詔立國子、太學、四門小學。……宣武時，復詔營國學，樹小學於四門，大選儒生以為小學博士，員四十人。雖黌宇未立，而經術彌顯。至於高允之興立地方官學，詳見《魏書‧高允傳》。

〔註45〕事跡各見《北齊書‧文宣帝紀》、《周書‧儒林傳》、《周書‧明帝紀》、《周書‧武帝紀》。

〔註46〕見《宋書‧禮志》。

〔註47〕見《晉書‧禮志》。

〔註48〕見《晉書‧王導傳》。

〔註49〕見《宋書‧文帝紀》。

有心振興教育者，亦無成效，至於齊東昏侯之廢學〔註50〕，對教育則是一大斲傷。北魏孝文、宣武二朝之興學，雖有「斯文鬱然，比隆周漢」之美譽〔註51〕，但東、西魏征伐分裂，亦難成大事，學校所存無幾。另，北齊、北周皆因立國不長，戰事頻繁，政局不穩，其建樹自然不多。而因時局之動亂，學校制度亦有不健全者，如《北史・儒林傳》亦載：

> 諸郡並立學，置博士助教授經，學生俱差逼充員。士流及豪富之家，皆不從調。備員既非所好，墳籍固不關懷。又多被州郡官人驅使，縱有游惰，亦不檢察。……既而外事四夷，戎馬不息，師徒怠散，盜賊群起。禮義不足以防君子，刑罰不足以威小人，空有見學之名，而無私道之實。

因時局之混亂，各朝政府少能顧全教育事業，是以體制不全之官學，並未受當世學子之青睞，正如《宋書・禮志》所言「品課無章，士君子恥與其列」，實揭示此代官學之弊端。

（二）老莊盛行

此一時期老莊盛行，重以佛教愈盛，其對教育之影響有二〔註52〕：

其一，產生自然放任之教育觀

茲舉嵇康為例，其〈難自然好學論〉言及：

> 及至人不存，大道陵遲。乃始作文墨以傳其意。區別群物，使有類族。造立仁義，以嬰其心。制其名分，以檢其外。勸學講文，以神其教。故六經紛錯，百家繁熾。開榮利之塗，故奔騖而不覺。是以貪生之禽，食圈池之梁菽；求安之士，乃詭志以從俗。操筆執觚，足容蘇息；積學明經，以代稼穡。是以困而後學，學以致榮。計而後習，好而習成，有似自然。

以自然人性出發，否定六經之義、儒家之教，認為教育之作用適足干擾純樸之本心。此種教育主張與傳授經術為主之官學教育頗有出入，正反應此代教育之新思潮。南朝時期，宋文帝之創「四學制」與明帝之立「聰明觀」，均有玄學一科，即可知其影響。

其二，學子崇尚老莊，無心於儒術

官學發展雖以教授儒學為宗，然當世老莊盛行，學子醉心玄學，於傳統儒術少能關注心力，即便北魏太武帝嘗下詔禁設私學以興儒術〔註53〕，惜沉潤玄風已成定局，一時難移，如《文獻通考・學校考》所言：

〔註50〕《文獻通考・學校考》：東昏侯永元初，詔依永明舊事，廢學。
〔註51〕見《魏書・儒林傳》。
〔註52〕見陳東原《中國教育史》，頁146；及郭齊家《中國教育思想史》，頁193。
〔註53〕見《魏書・太武帝紀》。

成帝咸康三年，國子祭酒袁瓌、太常馮懷以江左漫安，請興學校。帝從之，
乃立太學，徵生徒。而士大夫習尚老、莊，儒術終不振。

而《二十二史箚記》卷八〈六朝清談之習〉亦提及：

當時父兄師友之所講求，專推究老、莊以爲口舌之助，五經中惟崇易理，
其他盡閣束也。

是知玄虛爲潮流所趨，公卿士庶罕通經業，於官學之發展甚爲不利。

（三）機會不均

魏晉九品中正制度實施以來，重視門第世家，於教育上遂演爲「雙軌制」〔註54〕，
教育機會甚不均等，如西晉武帝於太學外，另立國子學，其招收對象即以士族、王
室爲主〔註55〕，是將教育階級化，而惠帝時期又加「官品第五以上」之限制〔註56〕，
則特權化之跡象愈爲明顯。又如北魏太武帝於太平眞君五年（444 年），下詔限三公
以下之公卿子弟得入太學〔註57〕；北周武帝所設之露門學，則專爲皇子所設〔註58〕，
是知特權壟斷教育之情況。再者，權貴子弟以車服華麗爲榮，多不好學，亦影響官
學之品質，《顏氏家訓·勉學》提及：

（貴遊子弟）……無不薰衣剃面，傅粉施朱，駕長簷車，跟高齒屐，坐棋
子方褥，憑斑絲隱囊，列器玩於左右，從容出入，望若神仙。

又言：

及有吉凶大事，議論得失，蒙然張口，如坐雲霧；公私宴集，談古賦詩，
塞默低頭，欠伸而已。……明經求第，則顧人答策；三九公讌，則假手賦
詩。

描述「望若神仙」而「多無學術」之權貴子弟，平日不知珍惜受教之機會，反耽
於外在儀表之修飾，一但晏集有所議論之時，則無以應對，只得假手他人，虛應
故事，如此一來，官學何得而興。

因時代之動亂，每有鴻儒雋士、操守清高者，開設學館，招納學子，以傳其
業，各代均有講學名師，如授儒術之學者：三國時期有儒宗七人〔註 59〕、邴原、

〔註54〕 見楊承彬《秦漢魏晉南北朝教育制度》，頁 151。
〔註55〕 《晉書·職官志》載：咸寧四年，武帝初立國子學，定置國子祭酒、博士各一人，
助教十五人，以教生徒。博士皆取履行清淳，通明典義者，若散騎常侍、中書侍郎、
太子中庶子以上，乃得召試。
〔註56〕 見《南齊書·禮志》。
〔註57〕 見《魏書·太武帝紀》。
〔註58〕 見《周書·樂遜傳》及《沈重傳》。
〔註59〕 據《三國志·魏志·王朗傳》附〈王肅傳註〉載：（董）遇及賈洪、邯鄲淳、薛夏、

國淵、管寧、張栝、王裒等〔註60〕；西晉有劉兆、范平、杜夷等；東晉有宋纖、
祈嘉等〔註61〕；南朝值得一提者有齊劉瓛〔註62〕；北朝重要者有北魏之劉獻之、
徐遵明；北周之沈重、熊安生等〔註63〕，其人或於任官之餘開館授徒；或隱居在
野，傳授經術，均能廣延徒眾，傳道授業，於衰頹之經術官學頗有補濟之功。再
者，因清談玄風盛行，亦與當時教育有著密切關係〔註64〕，玄學家於清談玄理外
亦爲之講學，其教學法頗爲獨特，如西晉之楊軻親授入室弟子，再由弟子遞相傳
授；張忠教弟子以形而不以言；東晉之王嘉鑿崖穴居，弟子均從而習之等〔註65〕，
均是其例。再者，此代三教並興，影響所及，學者乃兼綜三者而立說，其著名者
有：南朝齊之吳苞、杜京產；梁之伏曼容；陳之徐孝克、馬樞等〔註66〕。彼輩講
學不拘一格，兼採儒、釋、道三家經典，或剖判、或融和，呈現活潑景象。要之，
私學之傳授，無論其內容如何，皆爲沉寂之官學教育注入新機。

二、士族興學，注重家教

注重家庭教育爲此代教育重心，而各類家訓作品則可謂此現象之重要產物。值
得一提者，爲保持門戶、教育子弟，其人家長多留心傳授家學於後代，以下分四項
述之：

（一）設立家館

王侯豪門之家，延攬博士、學者爲師以教子弟，如盧景裕、李同軌，應齊獻武
王之邀，以教諸公子，《魏書‧儒林傳》載：

> （齊獻武王）聞景裕經明行著，驛馬特征，既而舍之，使教諸子。……盧
> 景裕卒，齊獻武王引同軌在館教諸公子，甚加禮之。

而李鉉、刁柔則分別爲文宣帝與神武帝所攬，如《北齊書‧儒林傳》所言：

> 李同軌卒後，高祖令世宗在京妙簡碩學，以教諸子。世宗以鉉應旨，微詣

隗禧、蘇林、樂詳等七人爲儒宗。
〔註60〕見《三國志‧魏志‧邴原傳》及註、〈國淵傳〉、〈管寧傳〉及註、〈張栝傳〉、〈王修
　　　　傳〉註（案：裒爲修之孫）。
〔註61〕見《晉書》本傳。
〔註62〕見《南齊書‧劉瓛傳》。
〔註63〕見《北史‧儒林傳》。
〔註64〕柳詒徵《中國文化史（中）》，頁46言及：清談與講學，便有連帶之關係，雖講經義
　　　　與談老莊殊科，其爲言語之進化，則事屬一貫，研究三國六朝之風氣者，不可不於
　　　　此注意焉。
〔註65〕見《晉書》本傳。
〔註66〕各見《南齊書》、《梁書》、《陳書》本傳。

晉陽。……（习柔）高祖以爲永安公府長流參軍，又令教授諸子。

至於豪門之例，則如鮑長暄之教貴遊子弟，《北齊書・鮑季詳傳》載：

> （鮑季詳）從弟長暄，兼通禮傳。武平末，爲任城王湝丞相掾，恆在京教
> 授貴遊子弟。

又如太尉李弼引樂遜以教諸公子，《周書・樂遜傳》載：

> （樂遜）魏正光中，聞碩儒徐遵明領徒趙、魏，乃就學《孝經》、《喪服》、
> 《論語》、《詩》、《書》、《禮》、《易》、《左氏春秋》大義。……大統七年，
> 除子都督。九年，太尉李弼請遜教授諸子。

而《南史・傅昭傳》亦記袁粲以諸子從學傅昭之事：

> 太原王延秀薦昭於丹陽尹袁粲，深見禮，辟爲郡主簿，使諸子從昭受學。

由上述諸例可知官學雖時有興廢，然子弟之教育問題仍爲家族長輩所重視，而諸博
士、學者亦有轉入王侯豪門傳學之現象，《北齊書・高昂傳》言及：

> （高昂）其父爲求嚴師，令加捶撻。

高氏膽力過人，專事馳騁，不務於學，其父求嚴師以督導之，可知家館教子爲時人
所重視。而《北齊書・楊愔傳》載：

> 愔一門四世同居，家甚隆盛，昆季就學者三十餘人。學庭前有柰樹，實落
> 地，群兒咸爭之，愔頹然獨坐。其季父暐適入學館，見之大用嗟異。

楊氏一門就學子弟即有三十餘人，自可想見家館規模之宏大。

（二）傳授家學

除邀延碩儒教子弟外，士族門閥世代相傳之家學，亦爲教授子弟之重點，檢諸
史冊，有傳授經史者，如華廙、蔡謨、劉殷、賀瑒等，皆是其例。《晉書・華表傳》
載：

> （華廙）棲遲家巷垂十載，教誨子孫講誦經典。集經書要事，名曰《善文》，
> 行於世。

華氏弘敏有才義，爲荀勖所誣而免官，乃退居以經術教子孫，並結集經義，著書傳
世。〈蔡謨傳〉則曰：

> （蔡謨）少好學，博涉書記，爲邦族所敬。……既被廢，杜門不出，終日
> 講誦，教授子弟。……總應劭以來注班固《漢書》者，爲之集解。

蔡氏公亮守正，行己有則，雖罷官仍教子不輟，並以集解《漢書》有所成就。另，〈劉
殷傳〉言之：

> 有七子，五子各授一經，一子授《太史公》，一子授《漢書》，一門之內，
> 七業俱興，北州之學，殷門爲盛。

劉氏博通廣覽而綜賅群言，父子相傳，經史並舉，可謂家學興盛。而《南史‧賀瑒傳》則載：

> （賀瑒）晉司空循之玄孫也。世以儒術顯……祖道力善《三禮》，有盛名，……父損亦傳家業。……瑒於《禮》尤精，館中生徒常數百，弟子明經對策至數十人。二子革、季，弟子琛，並傳瑒業。

賀氏一門世傳儒術，鬱鬱斯文可想而知。此外，亦有傳書法者，如王羲之專擅書法，其子凝之、獻之均工草隸、善丹青〔註67〕；衛瓘善草書，其子恆亦以草隸為工，並有《四體書勢》之作〔註68〕。書法之習受家庭薰陶較深，為門第中人文采風流之表徵。至於「王氏青箱學」與「治縣譜」，則可見家學特殊之處，《宋書‧王淮之傳》載：

> （王淮之）高祖彬，尚書僕射。曾祖彪之，尚書令。祖臨之，父訥之，並御史中丞。彪之博聞多識，練悉朝議，自是家世相傳，並諳江左舊事，緘之青箱，世人謂之「王氏青箱學」。

而《南齊書‧傅琰傳》則載：

> （傅琰）父子並著奇績，江左鮮有。世云「諸傅有《治縣譜》，子孫相傳，不以示人。」

所謂「緘之青箱」、「子孫相傳，不以示人」，更顯示家學之專有性，以及各世族為保全家族門第之用心。

（三）依遵父兄

上有賢父兄，下有賢子弟，為門第所賴以長久者，是以家庭教育之主要責任在於父兄，其人以身教為先，為家教之準則，如《宋書‧王弘傳》載「王氏家法」：

> （王弘）曾祖導，晉丞相。……弘明敏有思致，既以民望所宗，造次必存禮法，凡動止施為，及書翰儀體，後人皆依仿之，謂為王太保家法。

《南齊書‧王延之傳》載其人父子「家訓方嚴」：

> 延之家訓方嚴，不妄見子弟，雖節歲問訊，皆先克日。子倫之，見兒子亦然。

上述二人，均以禮法教示子弟，家門整齊，井然不苟。《梁書‧韋叡傳》言韋氏「課諸兒以學」：

> （韋叡）時雖老，暇日猶課諸兒以學。第三子稜，尤明經史，世稱其洽聞，叡每坐稜使說書，其所發摘，稜猶弗之逮也。

〔註67〕見《晉書‧王羲之傳》。
〔註68〕見《晉書‧衛瓘傳》。

自漢丞相韋賢以來，韋氏即為著姓，累世仕宦，其人秉此家傳，是以年雖老髦，猶不忘督責子孫勤於向學。而《陳書‧王瑒傳》則有「敦誘諸弟」之載：

> 瑒兄弟三十餘人，居家篤睦，每歲時饋遺，遍及近親，敦誘諸弟，並稟其規訓。

王氏手足眾多而能敦睦友愛，並及於近親族人，實有賴父兄輩之稟明規訓、善誘教導。再如寇儁年雖老邁，仍教子不輟，《周書‧寇儁傳》云：

> 儁年齒雖邁，而志識未衰，教授子孫，必先禮興。

而裴敬憲則「撫訓諸弟」，《魏書‧裴敬憲傳》：

> （裴敬憲）少有志行，學博才清，撫訓諸弟，專以讀誦為業。澹於榮利，風氣俊遠，郡徵功曹不就，諸府辟命，先進其弟，世人歎美之。

裴氏輔導諸弟，課以學業，進而成就功名，遂稱美於當世。總之，各家父兄教示子弟之方法雖然有異，然其殷殷於家教之情則無不同，此代家訓數量甚夥，蓋亦肇因於此也。

（四）注重女教

先秦典籍如《禮記‧昏義》、《周禮‧天官》等，均曾涉及女子之教育問題。至東漢時期專著遂多〔註69〕，而史載魏晉南北朝之女教作品亦不在少數，但大多亡佚〔註70〕，今僅存魏程曉〈女典篇〉、西晉王廙〈婦德箴〉、西晉裴頠〈女史箴〉、西晉張華〈女史箴〉等篇〔註71〕，與《顏氏家訓》之部分篇章，以下分別討論之：

其一，**魏程曉〈女典篇〉**

程氏字季明，曾任黃門侍郎，累遷汝南太守〔註72〕，其〈女典篇〉首言「丈夫百行，以功補過；婦人四教，以備為成」，遂由反面立論，說明女子不修四教之害：

〔註69〕東漢關於女教之作品計有：
  （1）楊禮珪〈敕二婦〉——說明操持家務之勞動意義。
  （2）杜泰姬〈誡諸女與婦〉——言明胎教育子之法。
  （3）荀爽《女誡》——闡述順從守禮之婦德。
  （4）蔡邕〈女誡〉——說明修身、飾容之旨，以為前者之要更甚於後者。
     〈女訓〉——論述順事舅姑之理。
  （5）班昭《女誡》——為著名之女教作品，分〈卑弱〉、〈夫婦〉、〈敬順〉、〈婦行〉、〈專心〉、〈曲從〉、〈和叔妹〉等七篇，主張以卑弱、敬順、專心、曲從之婦德，敬事舅姑，順事丈夫，並緝和叔妹。
〔註70〕據《隋書‧經籍志》所載，計有〈女鑒〉、〈娣姒訓〉、〈貞順志〉、《婦人訓誡集》等。
〔註71〕雷良波等《中國女子教育史》頁60，以為〈女典篇〉、〈女史箴〉等為魏晉南北朝女教之代表作。
〔註72〕見《三國志‧魏志‧程曉傳》。

婦德闕，則仁義廢矣；婦言虧，則辭令慢矣；婦工簡，則織紝荒矣。

是明婦人若不修德行，則仁義盡失；不矜言語，則慢令虧損；不勤其職，則家務怠廢，則婦德、婦言、婦功誠女子重要之修行，至於婦容方面，其文論云：

若夫麗色妖容，高才美辭，貌足傾城，言以亂國，此乃蘭形棘心，玉曜凡質，在邦必危，在家必亡。

乃將婦容與婦德之關係作一闡述，以爲傾城之貌、麗冶之容，皆不足恃，其所恃者端在內在品德之修行，否則表裡不一，金玉其外，敗絮其內，終將危邦亂家。

其二，西晉王廙〈婦德箴〉

王氏字世將，能屬文，多所通涉，工書畫，善音樂、射御、博奕、雜伎等，任寧遠將軍、荆州刺史等職〔註72〕，其〈婦德箴〉云：

團團明月，魄滿則闕；亭亭陽暉，曜過則逝，天地猶有盈虧，況華豔之浮孳？是以淑女鑒之，戰戰乾乾，相彼七出，順此話言，懼茲屋漏，畏斯新垣，在昧無愧，幽不改虔。

月盈滿則將缺，日熾盛則將衰，盈虧相循、盛衰相因，此天地自然之理。推及人事，其理亦然，蓋福禍相倚、得失相生，淑女鑒知其理，當以修德爲要，慧順誠慎，方能迴避「七出」——無子、淫佚、不事舅姑、口舌、盜竊、妒忌、惡疾〔註74〕，而永保其福祉。

其三，西晉裴頠〈女史箴〉

裴氏字逸民，累官國子祭酒、光祿大夫、尚書左僕射，患時俗放蕩，風教陵遲，不遵儒術，由是乃作《崇有論》，以釋其弊〔註75〕。其人參與國家教育事業，發爲女教之文亦以禮法爲主，曰：

膏不厭鮮，水不厭清，玉不厭潔，蘭不厭馨。爾形信直，影亦不曲，爾聲信清，響亦不濁。綠衣雖多，無貴於色，邪徑雖利，無尚於直。春華雖美，期於秋實，冰璧雖澤，期於見日。浴者振衣，沐者彈冠，人知正服，莫知行端，服美動目，行美動神，天道祐順，常與吉人。

其文典雅含蓄，以「鮮」、「清」、「潔」、「馨」、「信直」、「信清」，勉教婦女，修德爲要、貞順爲先，求其形端影正，不可因小利而邪僻失德，壞其聲譽。

其四，西晉張華〈女史箴〉

張氏字茂先，歷任黃門侍郎、中書令、散騎常侍、幽州都督、右光祿大夫、中

〔註72〕見《晉書‧王廙傳》。
〔註74〕見《儀禮‧喪服疏》。
〔註75〕見《晉書‧裴頠傳》。

書監等職，作《博物志》十篇〔註76〕，多言神仙鬼怪之事，充滿迷信神秘色彩，然其〈女史箴〉之作，則以傳統儒家觀點，敘述「貞柔」爲德之女教主張：

> 婦德尚柔，含章貞吉，嬺婉淑愼，正位居室，施衿結褵，處宮中饋，肅愼爾儀，式瞻親懿。

言明女性修德重在柔順貞毅，方能表現端莊賢淑、肅愼親懿之行誼。進而言之，欲以貞柔修德，當要由自我情性著手，其云：

> 人咸知飾其容，而莫知飾其性。性之不飾，或愆禮正，斧之藻之，克念作聖。……神聽無響，無矜爾榮，天道惡盈，無恃爾貴。隆隆者墜，鑒於小生，戒彼攸遂，此心螽斯，則繁爾類。懽不可以瀆，寵不可以專，專實生慢，愛極則遷，致盈必損，理有固然。

認爲卑弱謙順乃合禮法之所求，從一而終，是以不矜其榮、不恃其貴，若螽斯不妒嫉〔註77〕，是能成全其德、保其家，蓋「物無盛而不衰，日中則昃，月滿則虧」，此物極必反之理，不容置疑。

其五，北齊顏之推《顏氏家訓》

顏氏有關女子教育之主張，散見其《家訓》之部分篇章中，如〈教子〉言及：

> 古者，聖王有胎教之法：懷子三月，出居別宮，目不邪視，耳不妄聽，音聲滋味，以禮節之。書之玉版，藏諸金匱。

引《大戴禮記·保傅》之語，說明胎教之法，以爲婦人懷孕後，應謹守儀節，在乎端正，眼不觀邪疾之色、耳不聽淫亂之音，期教子於胎始，此同於杜泰姬〈誡諸女及婦〉所言「吾之妊身，在乎正順」。〈治家〉則說明女子之司職：

> 婦主中饋，惟事酒食衣服之禮耳，國不可使預政，家不可使幹蠱；如有聰明才智，識達古今，正當輔佐君子，助其不足，必無牝雞晨鳴，以致禍也。

顏氏此論係傳統「女主內」之發揮，謂婦人於家但掌中饋衣食之事，不可使其干預國政、主計家務，即令有聰明才智、通達古今之見識，亦不得越俎代庖，僅能佐助丈夫，資其不足，否則牝雞司晨於家於國均爲禍害。〈治家〉又言：

> 婦人之性，率寵子婿而虐兒婦。寵婿，則兄弟之怨生焉；虐婦，則姊妹之讒行焉。然則女之行留，皆得罪於其家者，母實爲之。至有諺云：「落索阿姑餐。」此其相報也！家之常弊，可不誡哉！

兄弟生怨、姊妹行讒爲家庭爭紛之弊，其蓋肇端於婦人寵婿、虐婦之行，是以有家

〔註76〕見《晉書·張華傳》。
〔註77〕《詩經·周南·螽斯·序》：若螽斯不妒忌，則子孫眾多。

有室者不可不誡慎之矣。此論婆媳與岳母、女婿相應之道，惟去寵止虐，方可使怨不生，讒不行。至於娣姒妯娌相處之理，〈兄弟〉論曰：

> 娣姒者，多爭之地也，使骨肉居之，亦不若各歸四海，感霜露而相思，伫日月之相望也。況以行路之人，處多爭之地，能無閒者鮮矣。所以然者，以其當公務而執私情，處重責而懷薄義也！若能恕己而行，換子而撫，則此患不生矣。

娣姒之間並無血緣相繫，若能推己及人，寬容相處，進而易子而養，則怨憤不生，家道和興。惜人之常情乃各執私情而懷薄義，若使共相居室，則如行路之處爭，間隙必多，是以不如各自散居謀生，使其因時空之隔離而心生念繫。

《顏氏家訓·教子》、〈治家〉、〈兄弟〉諸篇所言之胎教、婦人司職等，皆為傳統女教之闡述，而婆媳、岳母女婿相應之方與娣姒妯娌相處之道，係為經驗之談，因之推身為家長，歷練豐富，故發而為言乃多生活細節之事，其重點在於和睦家族，平息爭擾。另外，〈婦德箴〉言及「七出」之誡，而〈女典篇〉與二篇〈女史箴〉則為婦人四德之發揮，《周禮·天官·九嬪》言：

> 九嬪掌婦學之法，以教九御婦德、婦言、婦容、婦功。

《禮記·昏義》亦言：

> 婦人先嫁三月，教以婦德、婦言、婦容、婦功。

則貞潔柔順、應對辭令、容顏舉止、絲枲紡績等，為傳統婦人之四教，班昭《女誡·婦行》論之甚詳：

> 女有四行：一曰婦德，二曰婦言，三曰婦容，四曰婦功。夫云婦德，不必才明絕異也；婦言，不必辯口利辭也；婦容，不必顏色美麗也；婦功，不必技巧過人也。幽閒貞靜，守節整齊，行己有恥，動靜有法，是謂婦德。擇辭而說，不道惡語，時然後言，不厭於人，是謂婦言。盥浣塵穢，服飾鮮潔，沐浴以時，身不垢辱，是謂婦容。專心紡織，不好戲笑，潔齊酒食，以供賓客，是謂婦功。此四者，女人之大節，而不可乏無者也。

言明貞靜賢順，舉止合度，是為婦德；擇辭開言，毋取人厭，是為婦言；勤於盥洗，整潔無垢，是為婦容；專注紡績，主於中饋，是為婦功，此四項為婦人之大節，亦為賢德女性之表徵，是以言女教者多本此而立說。今考〈女典篇〉與〈女史箴〉之言亦復如此，惟值得注意者，則其於四者之中，尤重婦德之貞順〔註78〕，《北史·列女傳》載：

〔註78〕陳東原《中國婦女生活史》頁84，及謝康〈中華家庭傳統的女教觀〉均持此說，《中山學術文化集刊》第六期，頁21。

蓋婦人之德，雖在於溫柔，立節垂名，咸資於貞烈。溫柔，仁之本也；貞
烈，義之資也。非溫柔無以成其仁，非貞烈無以顯其義。

溫柔貞烈為仁義之本，亦為婦德之要，此代風氣敗壞、道德淪喪〔註79〕，「閨門無
禮」、「宮闈之醜」，時有所聞〔註80〕，是以有識者莫不關注於此。再者，彼時講究
門第，各士族之家為維繫其門戶於不墜，特重母教於稚子之啓蒙，再欲求良子須先
有良母，欲有良母則不得不求其婦德也。

綜上所述，魏晉南北朝時期雖有君臣相繼倡導官學，然因時局動亂、老莊盛行，
以及機會不均等因素，終未能發達振興。所幸士族設館授學，注重子弟之家庭教育，
尚能於頹弊之文教環境，默默耕耘、創闢新局，並有斐然成效。今觀其施教內容大
亦不離傳統儒術，實因門第來自士族，其人由經學傳家而得累世仕宦，歷改朝換代
始終未曾脫離其道，進而言之，當世雖盛行玄學並有釋教歡入，而其人撰述家訓之
主要內涵則仍能保有傳統之禮法精神，蓋由此之故也〔註81〕。

〔註79〕參見第六章第二、三節。
〔註80〕見趙翼《二十二史箚記》第十一、十五卷。
〔註81〕詳見第四章。

第三章　魏晉南北朝家訓之撰述目的

　　魏晉南北朝之政治黑暗、經濟失調、社會靡腐、教育失衡，如何安身立命遂爲當世人之重要課題。其人之精神嚮往與人生理想，或因時代因素而不得見行，乃退而寄寓於後輩子孫。再者，此代門第盛行，爲保全家風、家學於不墜，家族長輩莫不以自我之人生歷練、才學涵養，訓勉後世子孫。翻諸史冊，此代家訓作品爲數頗多，而誡子、教子之載記，亦時有所見。今試析其撰述目的，則約有三：其一，恢宏家族門第；其二，訓誡後世子孫；其三，寄寓人生理想，茲分下述三節個別討論之。

第一節　恢宏家族門第

　　此代門第之盛，即使改朝換代、南北分裂，仍遞替相承，互通訊息，可知其家族觀念之柢固。再者，五胡入侵，漢人備受凌辱，保家全族之觀念愈益加深，於是家訓、家傳、家譜、姓譜之著遂盛，此皆當世人爲保其門第之高華、民族之自尊、宗族之團結，所以努力不懈者〔註1〕。當時門第中人，上自賢父兄，下至佳子弟，其傳統之共同理想則有二：一，希子弟能具孝友之內涵，表現敦厚謙讓之家風；二，希子弟能有經史文籍之才識，傳承累世豐碩之家學〔註2〕。就前而言，父慈子孝、兄友弟恭爲傳統家族之倫常基礎，亦爲世家大族得以維繫傳承之根源所在，是以欲恢宏門戶自不得不由孝悌啓始，期於家人和樂、家道振興，如《三國志・魏志・王昶傳》載：

〔註1〕見黃寶實〈魏晉南北朝時期漢人民族觀念之特質〉，《大陸雜誌》第十九卷第四期，頁94。
〔註2〕見錢穆〈略論魏晉南北朝學術文化與當時門第之關係〉，《中國學術思想史論叢（三）》，頁171。

王昶，字文舒，太原晉陽人也。……其爲兄子及子作名字，皆依謙實，以見其意，故兄子默字處靜，沈字處道，其子渾字玄沖，深字道沖。遂書誡之曰：夫人爲子之道，莫大於寶身全行，以顯父母。此三者人知其善，而或危身破家，陷於滅亡之禍者，何也？由所祖習非其道也。夫孝敬仁義，百行之首，行之而立，身之本也。孝敬則宗族安之，仁義則鄉黨重之，此行成於內，名著於外者矣。……今汝先人世有冠冕，惟仁義爲名，守愼爲稱，孝悌於閨門，務學於師友。……及其用財先九族，其施舍務周急，其出入存故老，其論議貴無貶，其進仕尚忠節，其取人務實道，其處世戒驕淫，其貧賤愼無戚，其進退念合宜，其行事加九思，如此而已。吾復何憂哉？

王氏雖出身世家，歷任魏室要職，且屢建戰功，深受器重，然其爲人行事則「端一小心，清修密靜」，不敢驕逸輕人，蓋其伯父柔官至北中郎將，父澤爲代郡太守〔註3〕，世有冠冕，所以重者端在仁義孝悌，戰兢守愼。故乃以默、沉、渾、深爲子弟命名欲其人處靜守道、謙沖爲懷，並誡以孝敬仁義，務學師友，進而周恤九族，克盡人子之道——寶身、全行、以顯父母，不可輕薄驕奢，使行成於內而名著於外，以期永保家風之清明。又如《晉書·王祥傳》載：

王祥，字休徵，琅邪臨沂人，……及疾篤，著遺令訓子孫曰：夫生之有死，自然之理。吾年八十有五，啓手何恨。不有遺言，使爾無述。……夫言行可覆，信之至也；推美引過，德之至也；揚名顯親，孝之至也；兄弟怡怡，宗族欣欣，悌之至也；臨財莫過乎讓，此五者，立身之本。

王氏爲東漢諫議大夫王吉之後，祖仁累官青州刺史。其人篤孝純摯，因繼母朱氏之譖，失愛於父，猶孝謹不渝，父母有疾，輒衣帶不解，必親試湯藥，小心奉飲。嘗天寒冰凍，解衣求鯉，以慰母疾〔註4〕，孝感動人。年八十五著〈遺令〉傳示子孫，以信、德、孝、悌、讓等五事，教誡後世言行如一、推美引過、揚名顯親、怡和兄弟宗族、臨財禮讓，以維高潔清素之門風，其臨終所以念茲在茲者，亦爲家族門戶耳。而〈羊祜傳〉亦載及：

羊祜，字叔子，泰山南城人也。世吏二千石，至祜九世並以清德聞。

九世清德之家風是其人所深以爲榮，並期於子孫者，其〈誡子書〉載：

吾少受先君之教，能言之年，便召以典文；年九歲，便誨以《詩》、《書》，然尚無鄉人之稱，無清異之名。今之職位，謬恩之加耳，非吾力所能致也。

〔註3〕見《三國志·魏志·王昶傳》及註。
〔註4〕見《晉書·王祥傳》。

> 吾不如先君遠矣！汝等復不如吾。諮度弘偉，恐汝兄弟未之能也；奇異獨
> 達，察汝等將無分也。恭爲德首，愼爲行基，願汝等言則忠信，行則篤敬，
> 無口許人以財，無傳不經之談，無聽毀譽之語。聞人之過，耳可得受，口
> 不得宣，思而後動。若言行無信，身受大謗，自入刑論，豈復惜汝？恥之
> 祖考。思乃父言，纂乃父教，各諷誦之！

羊氏述一己身受庭訓，頌習《詩》、《書》，因功累官尚書左僕射、衛將軍〔註5〕。雖
有爵祿，猶恐辱沒先世，並懼子弟不肖，以爲雖不得「諮度弘偉」、「奇異獨達」，乃
退求其次，須當言忠信、行篤敬，恭愼爲首，不妄言、不妄聽，謹守家教，庶幾不
辱祖考。其文切切叮嚀，猶恐失之，殷盼之情，流露字間，蓋其所欲提昇者，即爲
清德之家風。另，《魏書‧楊播傳》則載其弟椿訓子孫之言曰：

> 汝家事皇魏以來，高祖以下乃有七郡太守、三十二州刺史，內外顯職，時
> 流少比。汝等若能存禮節，不爲奢淫驕慢，假不勝人，足免尤誚，足成名
> 家。吾今年始七十五，自惟氣力，尚堪朝覲天子，所以孜孜求退者，正欲
> 使汝等知天下滿足之義，爲一門法耳，非是苟求千載之名也。汝等能記吾
> 言，百年之後，終無恨矣。

楊氏「家世純厚，並敦義讓」〔註6〕，述其先人有七郡太守、三十二州刺史，各居
顯職，是時少有抗匹者，故誠其子孫忠貞謹愼、禮義謙遜，繼前人之遺緒，彰門第
於當世。

　　就後者而言，學業文才爲世家大族用以自表異於其他家族，以及庶族寒門之重
要資據，是以篤志向學、修習文事亦其人所深盼於子弟者，如《南齊書‧王僧虔傳》
載：

> 王僧虔，琅邪臨沂人也。……嘗有書誠子曰：吾在世，雖乏德素，要復推
> 排人閒數十許年，故是一舊物，人或以比數汝等耳。即化之後，若自無調
> 度，誰復知汝事者？舍中亦有少負令譽弱冠越超清級者，於時王家門中，
> 優者則龍鳳，劣者猶虎豹，失蔭之後，豈龍虎之議？況吾不能爲汝蔭，政
> 應各自努力耳。或有身經三公，蔑爾無聞；布衣寒素，卿相屈體。或父子
> 貴賤殊，兄弟聲名異。何也？體盡讀數百卷書耳。

因蔽蔭制之行，門第中人享盡殊遇〔註7〕，以致優者爲龍鳳，劣者猶爲虎豹，僧虔
出身琅邪王氏，祖珣任晉司徒，伯父弘世爲宰輔，堪稱權貴之家，然其人立身有素、

〔註5〕見《晉書‧羊祜傳》。
〔註6〕見《魏書‧楊播傳》。
〔註7〕詳見第二章第一節。

慮患深遠〔註8〕，以爲蔭蔽不足恃，世或有父子貴賤相殊、兄弟聲名相異者，端在己身之努力，爲免子弟安於閒逸，乃教其人勤勉向學，各自奮發，不可依仗家世之蔭蔽，亦不可因懈怠而損及王家門庭。又如《晉書‧涼武昭王傳》載：

> 武昭王諱暠，字玄盛，小字長生，隴西成紀人，……手令敕其諸子：吾自立身，不營世利，經涉累朝，通否任時；初不役智，有所要求，今日之舉，非本願也。然事會相驅，遂荷州土，憂責不輕，門戶事重。……後事付汝等，粗舉旦夕近事數條，遣意便言，不能次比。至於杜漸防萌，深識情變，此當任汝所見深淺，非吾敕誡所益也。汝等雖年未至大，若能克己纂修，比之古人，亦可以當事業矣。苟其不然，雖至白首，亦復何成！汝等其誡之慎之。……於是寫諸葛亮訓誡以勖諸子曰：……覽諸葛亮訓勵，應璩奏諫，尋其終始，周孔之教盡在中矣。爲國足以致安，立身足以成名，質略易通，寓目則了，雖言發往人，道師於此。且經史道德如採菽中原，勤之者則功多，汝等可不勉哉！

李暠爲漢前將軍李廣之十六世孫，高祖雍、曾祖柔，均曾仕晉，歷位郡守。其人少而好學，通涉經史，頗習武藝〔註9〕，爲十六國西涼政權之建立者，雖居於狄道，未棄經史道德，鑒於「門戶事重」，遷都酒泉時，乃爲文敕其子修身立業、勤讀經史。此外，又寫諸葛亮誡子之書、應璩諫奏之言，訓勉子弟，以爲周、孔之教盡在其中，足以安國成名，其保家持家之用心可謂深矣。茲再觀東晉謝混〈誡族子詩〉：

> 康樂誕通度，實有名家韻。若加繩染功，剖瑩乃瓊瑾。
> 宣明體遠識，穎達且沈儁。若能去方執，穆穆三才順。
> 阿多標獨解，弱冠纂華胤。質勝誠無文，其尚又能峻。
> 通遠懷清悟，采采標蘭訊。直轡鮮不躓，抑用解偏吝。
> 微子基微尚，無倦由慕藺。勿輕一簣少，進往必千仞。
> 數子勉之哉，風流由爾振。如不犯所知，此外無所愼。

謝氏風格高峻，少所交納，唯與族子以文義賞會〔註10〕，此詩論述其族子——謝靈運、謝瞻、謝晦、謝曜、謝弘微等五人文學表現之優劣，並勉其人汰陋存菁，振起風流。是知當時門第貴有文才相繼，堪可自矜標異，輝耀於世，如《南齊書‧張融傳》載：

> 張融，字思光，吳郡吳人也。……臨卒，又誡其子曰：手澤存焉，父書不

〔註8〕見《南齊書‧王僧虔傳》。
〔註9〕見《晉書‧涼武昭王傳》。
〔註10〕見《宋書‧謝弘微傳》。

　　讀！況父音情，婉在其韻。吾意不然，別遺爾音。吾文體英絕，變而屢奇，
　　既不能遠至漢魏，故無取嗟晉宋。豈吾天挺，蓋不隤家聲。汝若不看，父
　　祖之意欲汝見也。可號哭而看之。

張氏之祖禕，任晉琅邪王國郎中令、父暢，爲宋會稽太守。其人早訓家學文風，文
辭詭激，獨與眾異〔註11〕，因此頗得意於自我文體之英絕屢奇，並以文才表現爲家
道之榮耀，因而勉其子紹承父祖之志，努力不懈，以傳承家門文采。又如《梁書‧
王筠傳》載：

　　王筠，字元禮，一字德柔，琅邪臨沂人。……與諸兒書論家世集云：史傳
　　稱安平崔氏及汝南應氏，並累世有文才，所以范蔚宗云崔氏「世擅雕龍」。
　　然不過父子兩三世耳，非有七葉之中，名德重光，爵位相繼，人人有集，
　　如吾門世者也。沈少傅約語人云：「吾少好百家之言，身爲四代之史，自
　　開闢以來，未有爵位蟬聯，文才相繼，如王氏之盛者也。」汝等仰觀堂構，
　　思各努力。

王氏之祖僧虔，爲齊司空簡穆公、父楫，任太中大夫。其人清靜好學、文辭妍美，爲
昭明太子蕭統及尚書令沈約所重，歷任太子舍人、尚書殿中郎、尚書吏部郎、太子中
庶子、光祿大夫、雲騎將軍、司徒左長史等職，譽重當世，時人有「謝有覽舉，王有
養炬」之稱〔註12〕。而「名德重光，爵位相繼，人人有集」，爲王氏一門七葉相傳之
家學文采，亦是其高於其他門第之資據，是以勗勉子弟，踵繼前人，傳之勿替。

　　上述諸人，或述祖德、或陳家風、或言家學，其目的均在期勉子孫，祖規前人、
彰其家風、傳其家學，以恢弘家族門第。

第二節　訓誡後世子孫

　　《文心雕龍‧詔策》有言：

　　誡者，愼也，禹稱誡之用休。君父至尊，在三周極。漢高祖之〈敕太子〉，
　　東方朔之〈誡子〉，亦顧命之作也。及馬援以下，各貽家誡。

家訓作品大致萌芽於先秦，發展於兩漢，至魏晉南北朝而興盛〔註13〕，其施教之對
象皆爲自我家庭或家族之子弟，諸如此代之遺令或遺誡多訓示子孫以儉葬〔註14〕，

〔註11〕見《南齊書‧張融傳》。
〔註12〕見《梁書‧王筠傳》。另，覽舉指謝覽、謝舉兄弟；養炬指王筠及其從兄王泰，四人
　　　　均有聲譽於當世。
〔註13〕詳見第一章第一節。
〔註14〕詳見第四章第六節。

而自敘之文則多述自我求學之方、處世之法以垂示後人，至於家誡、誡子書用以教子之內容則更爲廣泛，近人陳捷先〈從族譜家訓看家〉一大提及〔註15〕：

> 延續父母與祖先的生命是盡孝道，但是人的生命又至少可分爲生物性的生命與具有社會、文化、道義等方面的高級生命。生物性的生命可以靠婚姻生子來完成，而高級生命則必須培養教育所生的子女才能竟其全功，才算完成與實踐這一層次的孝，因此家訓中明訂了各式各樣有關這方面的訓示，如重教養……尚勤儉……謹言語……慎交遊……禁賭博……誡酗酒……遠女色……這些希望子孫敦品勵學，成好人，做好事的規條，不外就是想造就將來延續家族生命的人成爲完美的人，他們將來能有更完美的家。

生育、養育、教育乃延續家族生命之三大要事，其中生、養問題屬生物層次，而教育問題則屬精神文化之層面，較前述二者尤具其重要性，蓋人之所以異於禽獸者，在於衣食飽暖後，更施予教育以啓其心性，使達於人情事理。魏晉以來，官學教育不發達，所欲從學，則不得不求諸家族長輩〔註16〕；而家族長輩爲提攜後世子孫亦多施以教誡，期使子弟臻於完善〔註17〕——

（1）有關個人修爲方面：先求立定高遠志向，方能確理想目標而不牽於外物、不累於情欲，以秉持德行操守，成爲俯仰無愧之正人君子。

（2）有關家族事務方面：當以嚴謹不苟爲原則，爲使家族關係和睦，則要求其成員恪遵夫義婦順、父慈子孝、兄友弟恭、周恤九族之倫理道德。而爲使家族經濟無虞，則教其子弟努力生產，遵守勤儉素樸之持家規儀。

（3）有關求學問道方面：勗勉子弟應珍惜寸陰，及時努力，方不致傷悲老大。一但矢志向學，則應勤奮不懈、持之以恆，以求增廣見聞、充實學問。

（4）有關應人處事方面：宜先人後己、虛懷若谷，秉持謙遜不驕之處世態度，無論對人或行事均應謹言愼行，方能免人怨嫉。至於交友，則應遵循擇善去惡之原則。

（5）有關工作職守方面：對於所司之事應竭力而爲，不可虧於職守。再者，亦要留心不妄取、不偏頗之態度，表現廉潔無私之敬業精神。

今觀家訓之文，亦有書其訓示後輩之意念者，自可知其人之用心，如魏文帝〈內誡〉言：

〔註15〕 見《歷史月刊》第十二期，頁 45 至 46。
〔註16〕 詳見第二章第二節。
〔註17〕 此僅列其概要，詳見第四章各節所述。

> 三代之亡，由乎婦人，故《詩》刺豔妻，《書》誡哲婦，斯已著在篇籍矣。
> 近事之若此者眾，或在布衣細人，其失不足以敗政亂俗。至於二袁，過竊
> 聲名，一世豪士，而術以之失，紹以之滅，斯有國者所宜慎也，是以錄之，
> 庶以爲誡於後，作〈內誡〉。

曹丕鑒於三代亡國，肇端於寵溺女色——夏桀之有妹喜、商紂之戀妲己、周幽王寵褒姒，而袁術、袁紹之敗亡，亦因沉迷女色。其在布衣庶人，或未足以敗政亂俗，然上位者若耽溺於此，其禍不可謂小，故乃作〈內誡〉，教示後人遠離女色。又如西晉夏侯湛〈昆弟誥〉言：

> 惟正月才生魄，湛若曰：咨爾弟淳、琬、瑤、謨、總、瞻：古人有言，「孝
> 乎惟孝，友于兄弟。」「死喪之戚，兄弟孔懷。」又曰：「周之有至德也，
> 莫如兄弟。」於戲！古之載於訓籍，傳於《詩》、《書》者，厥乃不思，不
> 可不行。爾其專乃心，一乃聽，砥礪乃性，以聽我之格言。

兄弟至親，互愛互助，即爲悌道之具體表現，亦爲家族諧睦之關鍵，夏侯氏身爲長兄，深知此理，爲緝和手足七人，乃引《詩》、《書》之言，說明悌友之理，並教其諸弟「專乃心、一乃聽」，以聽其誡示。又，宋顏延之〈庭誥〉曰：

> 〈庭誥〉者，施於閨庭之內，謂不遠也。吾年居秋方，慮先草木，故遽以
> 未聞，誥爾在庭，若立履之方，規鑒之明，已列通人之規，不復續論。今
> 所載咸其素蓄，本乎性靈，而致之心用。

昔孔鯉趨庭受教，世以爲美，「庭訓」遂爲父教之專稱。而顏氏〈庭誥〉之文，即以爲父之本意，抒發心懷，期能施於閨庭之內，垂教後人。再觀《顏氏家訓‧序致》所言：

> 夫聖賢之書，教人誠孝，慎言檢跡，立身揚名，亦已備矣。魏、晉以來，
> 所著諸子，理重事複，遞相模效，猶屋下架屋，床上施床耳。吾今所以
> 復爲此者，非敢軌物範世也，業以整齊門內，提撕子孫。……追思平昔
> 之指，銘肌鏤骨，非徒古書之誡，經目過耳也。故留此二十篇，以爲汝
> 曹後車耳。

顏氏雖知聖哲之書，載記豐厚，教人敦品勵行、立身揚名之語亦多矣，今猶且筆振書者，則在「整齊門內，提攜子孫」，並冀其子女信以行之，是明其作《家訓》二十篇之用心端在垂示後代子孫、緝和家族。

綜觀上述，其人之立說非爲藏諸金室名山，流傳千古，以成一家之言。所欲規範者乃爲家族子弟，是以多述一己經驗，耳提面命，叮嚀告誡，莫不寄望門庭之內多出佳子弟也。

第三節　寄寓人生理想

　　肯定人生價值、開創道德生命，爲我國固有文化之主要精神，然彼輩生於魏晉南北朝此一不得已之時代，宛如寄身皮囊、蜉蝣度日，自有現實環境之莫可奈何，遂將人生理想撰作文字，寄寓後世子孫，亦爲當時之亂世人生尋一精神寄託，如宋范曄〈獄中與諸甥姪書以自敘〉言之：

> 吾狂釁覆滅，豈復可言？汝等皆當以罪人棄之。然平生行己任懷，猶應可尋。至於能不，意中所解，汝等或不悉知。

而梁元帝〈自敘〉亦言：

> 人間之世，飄忽幾何？如鑿石見火，窺隙觀電，螢睹朝而滅，露見日而消，豈可不自敘也。

范氏因謀立彭城王而坐罪〔註18〕，在獄中深恐後輩不明其生平職志，是以爲文自表，希能達己意於一二。而梁元帝則感歎人生稍縱即逝，爲明己志，亦爲文自現。由此可知，其人撰作家訓除健全家族、造就子孫之理想外，亦有自我心靈之話語——或言一己著述之理想，或言自我隱逸之心志。就前者論之，此代純文學已受肯定，是以家訓作品每見論及文事者，如梁江淹〈自敘〉言及：

> 淹字文通，濟陽考城人。幼傳家業，六歲能屬詩，十三而孤，邈過庭之訓。長遂博覽群書，不事章句之學，頗留情於文章，所誦詠者，蓋二十萬言。而愛奇尚異，沈深有遠識，常慕司馬長卿、梁伯鸞之徒，然未能悉行也。

言明一己幼傳家業，喜於習文，同代蕭子顯〈自敘〉亦有類似之語：

> 追尋平生，頗好辭藻，雖在名無成，求心已足。若乃登高目極，臨水送歸，風動春朝，月明秋夜，早雁初鶯，開花落葉，有來斯應，每不能已也。前世賈、傅、崔、馬、鄲鄲、繆、路之徒，並以文章顯，所以屢上歌頌，自比古人。……每有製作，特寡思功，須其自來，不以力構。

說明自我爲文「須其自來，不以力構」之法。江、蕭二人，出身士族，前者年少即以文章顯名，後者自負其才，神韻峻舉〔註19〕，皆以文名稱於當世，是以頗有積極之論。另，西晉陸喜〈自敘〉則曰：

> 劉向省《新語》而作《新序》，桓譚詠《新序》而作《新論》。余不自量，感子雲之《法言》而作〈言道〉，睹貫子之美才而作〈訪論〉，觀子政〈洪範〉而作〈古今曆〉，覽蔣子通〈萬機〉而作〈審機〉，讀〈幽通〉、〈思玄〉、

〔註18〕見《宋書・范曄傳》。
〔註19〕各見《梁書》本傳。

〈四愁〉而作〈娛賓〉、〈九思〉，真所謂忍愧者也。

陸氏仕吳為吏部尚書，入晉後則為散騎常侍，其人「好學有才思」〔註20〕，故以習仿古人著述為職志，此〈言道〉、〈訪論〉、〈古今曆〉、〈審機〉、〈娛賓〉、〈九思〉之所來也。而值得注意者，則為范曄〈獄中與諸甥侄書以自敘〉之言：

> 吾少懶學問，晚成人，年三十許，政始有向耳。自爾以來，轉為心化，推老將至者，亦當未已也。往往有微解，言乃不能自盡。為性不尋注書，心氣惡，小苦思，便憒悶，口機又不調利，以此無談功。至於所通解處，皆自得之於胸懷耳。文章轉進，但才少思難，所以每於操筆，其所成篇，殆無全稱者，常恥作文士。

言明一己為文運思之苦，自歎才少思難，若無全稱之文，每以自責。此外，亦言其作《後漢書》之構想：

> 既造《後漢》，轉得統緒，詳觀古今著述及評論，殆少可意者。班氏最有高名，既任情無例，不可甲乙辨。後贊於理近無所得，唯志可推耳。博贍不可及之，整理未必愧也。吾雜傳論，皆有精意深旨，既有裁味，故約其詞句。至於〈循吏〉以下及〈六夷〉諸序論，筆勢縱放，實天下之奇作。其中合者，往往不減〈過秦〉篇。嘗共比方班氏所作，非但不愧之而已。欲遍作諸志，前漢所有者悉令備。雖事不必多，且使見文得盡。又欲因事就卷內發論，以正一代得失，意復未果。贊自是吾文之傑思，殆無一字空設，奇變不窮，同合異體，乃自不知所以稱之。此書行，故應有賞音者。紀、傳例為舉其大略耳。諸細意甚多。自古體大而思精，未有此也。恐世人不能盡之，多貴古賤今，所以稱情狂言耳。

范氏自得於《後漢》每篇傳記所附之「論曰」，以及〈循吏〉、〈酷吏〉、〈宦者〉、〈儒林〉、〈文苑〉、〈獨行〉、〈方術〉、〈逸民〉、〈列女〉、〈東夷〉、〈南蠻西南夷〉、〈西羌〉、〈西域〉、〈南匈奴〉、〈烏桓鮮卑〉等傳之序論，謂旨深意精，氣勢縱放，所言「贊自是吾文之傑思，殆無一字空設」、「自古體大而思精，未有此也」，既自負又自信，可想見其人「立言」之理想，今觀其作立論切至，筆勢淋漓，發而為麗密精鍊之文句，故能傳誦千古也。

　　就後者論之，此代隱逸風氣盛行，如《晉書》、《宋書》、《南史》、《北史》有〈隱逸傳〉；《南齊書》有〈高逸傳〉；《梁書》有〈處士傳〉；《魏書》有〈逸士傳〉等，即可推知其盛況。其有因個人情性，亦有因客觀環境不可為而隱居山林者，而尤以

〔註20〕見《晉書‧陸喜傳》。

後者爲甚，蓋此代政治混濁、社會流離，不能兼善天下，只得隱逸以獨善其身，正如《論語・衛靈公》所言：「邦有道則仕，邦無道則可卷而懷之。」彼輩生於斯時，不涉人事，韜光養晦，展現樸拙曠達，不問榮利之情懷，頗爲世人所推崇，以下將以東晉陶潛〈與子儼等疏〉、宋雷次宗〈與子姪書〉、梁徐勉〈誡子崧書〉、江淹〈自敘〉等作品爲例，作進一步之析論。陶氏之文曰：

> 吾年過五十，而窮苦荼毒，以家貧弊，東西遊走，性剛才拙，與物多忤。自量爲己，必貽俗患，僶俛辭世，使汝幼而饑寒耳。嘗感孺仲賢妻之言，敗絮自擁，何慚兒子？此既一事矣。但恨鄰靡二仲，室無萊婦，抱茲苦心，良獨罔罔。少年來好書，偶愛閒靜，開卷有得，便欣然忘食。見樹木交蔭，時鳥變聲，亦復歡爾有喜。常言五六月北窗下臥，遇涼風暫至，自謂是羲皇上人。意淺識陋，日月遂往，機巧好疏，緬求在昔，眇然如何。

陶氏爲東晉大司馬大將軍陶侃之曾孫，其人少懷高尚，穎脫不羈，任眞自得，嘗不爲五斗米折腰，解綬印辭去彭澤令之職而歸耕田園〔註21〕。其〈與子儼等疏〉係晚年之作，文中回顧自我窮苦家弊之困頓生平，亦表明一己拙樸之情性，樂於誦書彈琴，而不善應世，最後並以「羲皇上人」自許，透露隱逸園田之志趣，表現恬淡、寧靜、與世無爭之生命情境。雷氏之文曰：

> 夫生之修短，咸有定分，定分之外，可以智力求，但當於所稟之中，順而勿率耳。吾少嬰羸患，事鍾養疾，爲性好閒，志棲物表，故雖在童稚之事，已懷遠跡之意。暨於弱冠，遂託業廬山，逮事釋和尚。於時師友淵源，務訓弘道，外慕等夷，內懷俳發，於是洗氣神明，玩心墳典，勉志勤躬，夜以繼日。爰有山水之好，悟言之歡，實足以通理輔性，成夫亹亹之業，樂以忘憂，不知朝日之晏矣。自游道餐風，二十餘載，淵匠既傾，良朋凋索，續以釁逆違天，備嘗荼蓼，疇昔誠願，頓盡一朝，心慮荒散，情意衰損，故遂與汝曹歸耕壟畔，山居谷飲，人理久絕。

雷氏少入廬山，事沙門釋慧遠，篤志好學，遂隱退不交世務，雖爲所辟，均拒而不就〔註22〕，其〈與子姪書〉乃自言所守，說明一己性好閒靜，醉心典籍，隱居山林，不交世間雜務之心跡，亦表現其人閒適、淡泊、不拘榮利之人生觀。徐氏之文曰：

> 中年聊於東田間營小園者，非在播藝，以要利入，正欲穿池種樹，少寄情賞。又以郊際閒曠，終可爲宅，儻獲懸車致事，實欲歌哭於斯……由吾經始歷年，粗已成立，桃李茂密，桐竹成陰，塍陌交通，渠畎相屬。華樓迥

〔註21〕見《晉書・陶潛傳》。
〔註22〕見《宋書・雷次宗傳》。

謝，頗有臨眺之美；孤峰叢薄，不無糾紛之興。瀆中並饒菰蔣，湖裡殊富
芰蓮。雖云人外，城闕密邇，韋生欲之，亦雅有情趣。……今之所敕，略
言此意，正謂爲家以來，不事資產，既立塿舍，以乖舊業，陳其始末，無
愧懷抱。兼吾年時朽暮，心力稍殫，牽課奉公，略不克舉，其中餘暇，裁
可自休。或復冬日之陽，夏日之陰，良辰美景，文案間隙，負杖躡屬，逍
遙陋館，臨池觀魚，披林聽鳥，濁酒一杯，彈琴一曲，求數刻之暫樂，庶
居常以待終，不宜復勞家間細務。

徐氏歷任要職，居於顯位，不營產業，家無蓄積，俸祿分贍親族之窮乏者，門人故
舊或勸之，輒答以清白遺家〔註23〕，其〈誡子書〉說明一己精心營造住家園林，用
以託寄性靈，分居兒孫之心願，並希望不涉人事，常與琴酒相伴，逍遙此生，表現
平實、豁達之心境。江氏之文則曰：

淹嘗云：「人生當適性爲樂，安能精意苦力，以求身後之名哉？」故自少
及長，未嘗著書，惟集十卷，謂如此足矣。重以學不爲人，交不苟合；又
深信天竺緣果之說，偏好老氏清淨之術；仕，所望不過諸卿二千石，有耕
織伏臘之資則隱矣。常願幽居築宇，絕棄人事，苑以丹林，池以綠水，左
倚郊甸，右帶瀛澤，青春爰謝，則接武平皋；素秋澄景，則獨酌虛室，侍
妓三四，趙女數人。不則逍遙經紀，彈琴詠詩；朝露幾間，忽忘老之將至。

江淹少孤貧好學，沉靜少交遊，及長入仕則剛直諷諫，不避權貴，爲當道所疾〔註24〕，
是以有歸隱之想，蓋世道不彰，現實環境之不可爲，則不如隱逸以適志，追求自我，
從一己之所好。

今觀其人之所寄寓者，均非開創事功或經世濟民之大業，而多爲自我心境之表
白，甚具個人色彩。原來東漢以降，人物品鑒之風盛行，其所重者，則在其人實際
之外在事功與德業，然自朝綱混濁以來，樹功建德自有其限制，由此，其品題乃轉
爲注重人物之標度、風格，茲舉《世說新語》之例，以說明其狀況。

其一，〈德行〉載：

郭林宗至汝南造袁奉高，車不停軌，鸞不輟軛。詣黃叔度，乃彌日信宿。
人問其故，林宗曰：「叔度汪汪如萬頃之陂，澄之不清，擾之不濁，其器
深廣，難測量也。

其二，〈賞譽〉載：

世目李元禮「謖謖如勁松下風」。

────────────

〔註23〕見《梁書・徐勉傳》。
〔註24〕見《梁書・江淹傳》。

其三，〈賞譽〉載：

王戎目山巨源：「如璞玉渾金，人皆欽其寶，莫知名其器。」

其四，〈品藻〉載：

王丞相辟王藍田爲掾，庾公問丞相：「藍田何似？」王曰：「眞獨簡貴，不減父祖；然曠澹處，故當不如爾。」

其五，〈品藻〉載：

時人道阮思曠：骨氣不及右軍，簡秀不如眞長，韶潤不如仲祖，思致不如淵源，而兼有諸人之美。

以上對人物品評所用之語辭，如「汪汪如萬頃之陂」、「謖謖如勁松下風」、「璞玉渾金」、「曠澹，眞獨簡貴」、「骨氣，簡秀，韶潤，思致」等，皆爲描述標致風格之用，則其已認同獨立人格與內在精神之價值，而不待於建立功名，開創事業。由此，范曄、蕭子顯、陸喜、陶潛、雷次宗、徐勉、江淹等人所言著述或隱逸之事，乃自我心得之呈現與情性之超拔，其興意所屬，即在家門子弟，是以其人作品不僅在於寄寓人生理想、確定努力目標，亦爲後世子孫樹立風流文采、高雅不羈之生命氣質。

第四章　魏晉南北朝家訓之主要內容

　　本章將就家誡（誡子書）、遺令（遺誡）、及自敘等三類家訓之主要內容作一綜合分析。關於個人修養者，歸於「修身之要」；討論持家原則者，歸於「治家之法」；說明勤篤向學者，歸於「為學之方」；有關應人處事者，歸於「處世之宜」；涉及工作職守者，歸於「敬業之則」，至於作者敘述自我生命歷程與交代儉葬事宜等事項，則別立「其他項目」一節論述之。

第一節　修身之要

　　《大學》云：

　　　　自天子以至於庶人，壹是皆以修身為本。

而《孝經》則言：

　　　　立身行道，揚名於後世。

是皆肯定修身自立之意義，是以魏辛毗責子「立身自有本末」、嵇康誡子「立身自當清遠」、而梁蕭綱教子「立身先須謹重」〔註1〕等，均顯示其重要性，蓋毀譽成敗皆由伊始，不可不慎，今分立志高遠、淡泊知足、秉持操守等三項說明之。

一、立志高遠

　　欲修其身須先立其志，志不立如脫韁之馬、無的之矢，終不知如何底定，魏嵇康〈家誡〉有言：

　　　　人無志，非人也。

―――――――――――――――――

〔註1〕各見《三國志・魏志・辛毗傳》、嵇康〈家誡〉、簡文帝〈誡當陽公大心書〉。

―43―

行成盡思而毀於隨，是以立志慮思，擬議而行，則遠尤悔。其文又言：

> 若志之所之，則口與心誓，守死無貳，恥躬不逮，期於必濟。若心疲體懈，
> 或牽於外物，或累於內欲；不堪近患，不忍小情，則議於去就。議於去就，
> 則二心交爭。二心交爭，則向所以見役之情勝矣。或有中道而廢，或有不
> 成一簣而敗之。以之守則不固，以之攻則怯弱，與之誓則多違，與之謀則
> 善泄。臨樂則肆情，處逸則極意。故雖榮華熠耀，無結秀之勳；終年之勤，
> 無一旦之功，斯君子所以嘆息也。若夫申胥之長吟，夷叔之全潔，展季之
> 執信，蘇武之守節，可謂固矣。故以無心守之，安而體之，若自然也，乃
> 是守志之盛者也。

勉其子一但立志，便要心口如一，篤志力行，不可迷於外物、累於內欲，而朝三暮
四。其立志不堅者，或中途而廢，或功虧一簣，無法堅持己志，是以攻守退怯、誓
謀違泄，往往肆情縱意，華而不實、勞而無功。文中所述伍子胥、伯夷、叔齊、柳
下惠、蘇武等，皆志向高遠，故能不惑於內在之寸欲與外在之物象而秉志不渝，誠
為立志高遠之典範。又如蜀諸葛亮〈誡外生〉亦教後輩立定高尚遠大之志向：

> 夫志當存高遠，慕先賢，絕情欲，棄疑滯，使庶幾之志，揭然有所存，惻
> 然有所感；忍屈伸，去細碎，廣諮問，除嫌吝，雖有淹留，何損於美趣？
> 何患於不濟？若志不強毅，意不慷慨，徒碌碌滯於俗，默默束於情，永竄
> 伏於凡庸，不免於下流矣！

高遠其志、堅毅不移，必能摒除情欲、捐棄雜念，且崇慕賢德、諮陬善道，免於陷
溺嫌吝，進而廣目遠瞻，日進高明。否則，見異思遷，滯束俗情，則不免庸碌下流
也。

二、淡泊知足

《大學》有言：

> 欲修其身者，先正其心；欲正其心者，先誠其意。

《傳》釋「誠意」、「正心修身」言之：

> 所謂誠其意者，毋自欺也。如惡惡臭，如好好色，此之謂自謙。……所謂
> 修身在正其心者，身有所忿懥，則不得其正；有所恐懼，則不得其正；有
> 所好樂，則不得其正；有所憂患，則不得其正。

教人自我謙足，乃得意誠心正，蓋忿懥、恐懼、好樂、憂患之所來，在於心知情欲
之牽繫，未免動靜制肘，莫知所從，當要淡泊知足，以使心無旁騖。由此，家訓之
文乃多教子以窒欲知足，如蜀諸葛亮〈誡子書〉曰：

夫君子之行，靜以修身，儉以養德，非澹泊無以明志，非寧靜無以致遠。恬淡寡欲，則可清明心志；致虛守靜，則可行之久遠，故能養其德、美其身、高其行，而遠禍患、去疑滯，人云「知止知足，庶免於辱」〔註2〕，即此之謂。魏王昶〈家誡〉言及：

> 夫富貴聲名人情所樂，而君子或得而不處，何也？惡不由其道耳。患人知進而不知退，知欲而不知足，故有困辱之累，悔吝之咎。語曰：「如不知足，則失所欲。」故知足之足常足矣。

位高權重、財富滿貫、聲令廣聞，為人之所欲，然得之當以其道，不可以此累行，蓋人之習性每常知所欲進，而不知節制；知所欲求，而不知慊足，是以放肆邪恥，無所不至，終將敗其心性，不可不慎之。宋顏延之〈庭誥〉亦誡其子以簡欲：

> 古人恥以身為溪壑者，屏欲之謂也。欲者，性之煩濁，氣之蒿蒸，故其為害，則燻心智，耗真情，傷人和，犯天性。雖生必有之，而生之德，猶火含煙而煙妨火，桂懷蠹而蠹殘桂，然則火勝則煙滅，蠹壯則桂折。故性明者欲簡，嗜繁者氣惛，去明即惛，難以生矣。是以中外群聖，建言所黜，儒道眾智，發論是除。

說明欲念貪求，為卑下煩濁之情結，宛如蠹蟲殘桂、污煙妨火，足以掩人真情、壞人心智、傷人和睦，若不知克制，將為嗜欲所蔽，失其清明本性，而日趨污下，自古聖賢立言告誡，教人超然自主、淡泊知足，其理即在此矣。另，《顏氏家訓·止足》則論之曰：

> 《禮》云：「欲不可縱，志不可滿。」宇宙可臻其極，情性不知其窮，唯在少欲知足，為立涯限爾。先祖靖侯誡子姪曰：「汝家書生門戶，世無富貴；自今仕宦不可過二千石，婚姻勿貪勢家。」吾終身服膺，以為名言也。

宇宙之大，猶有極盡之時，然欲壑無窮則如無底深淵，難於填塞，若放失其心，追逐聲色犬馬，沉溺物欲私念，終將自取敗亡，所謂「禍，莫大於不知足；咎，莫大於欲得」〔註3〕，正是其理。

三、秉持操守

心存高遠，知止知足者，必能堅守德行，正直有禮，《大學》言及：

> 小人閒居為不善，無所不至，見君子然後厭然揜其不善而著其善。人之視己，如見其肺肝然，則何益矣？此謂誠於中，形於外。

〔註2〕見北齊魏收〈枕中篇〉。
〔註3〕見《老子》四十六章。

乃言君子修身唯善德是守，故能表裡如一、無所矯飾。小人則不然，平日閒居多行不義，及見君子則爲己隱過揚善，奸邪虛僞，毫無操守可言，吳姚信〈誡子書〉論之甚詳：

> 古人行善者，非名之務，非人之爲，心自甘之，以爲己度。嶮易不虧，始終如一，進合神契，退同人道，故神明祐之，眾人尊之，而聲名自顯，榮祿自至，其勢然也。又有內折外同，吐實懷詐，見賢則暫自新，退居則縱所欲，聞譽則驚自飾，見尤則棄善端，凡失名位，恆多怨而害善。怨一人則眾人疾之，害一善則眾人怨之，雖欲陷人而進己，不可得也，祇所以自毀耳。顧眞僞不可掩，褒貶不可妄，舍僞從善，遺己察人，可以通矣；舍己就人，去否適泰，可以弘矣。貴賤無常，唯人所速，苟善則匹夫之子可至王公，苟不善則王公之子反爲凡庶，可不勉哉。

據德行善，非爲邀譽、非爲榮顯，心實甘之，故造次顚沛不改初衷，此誠篤守德行者之所爲也。至於內外不一、混同眞僞、妄下褒貶、趨炎附勢之小人，或可得志一時、擅場一方，然其心無所從守，專務名利，或縱欲自綏、或棄善虛飾，難於秉持操守，終將招致他人怨忿而遺留禍患，實不若信天由命，修德精進。另，《顏氏家訓·省事》亦提及：

> 君子當守道崇德，蓄價待時，爵祿不登，信由天命。須求趨競，不顧羞慚，比較材能，斟量功伐，屬色揚聲，東怨西怒。或有劫持宰相瑕疵，而穫酬謝；或有喧聒時人視聽，求見發遣。以此得官，謂爲才力，何異盜食致飽，竊衣取溫哉！

以「仁」居天下之廣居、以「禮」立天下之正位、以「義」行天下之大道〔註4〕，爲守道君子修身之理想，是以無論得志與否，均能堅持初衷，奉行不渝，不因貴賤、貧富、得失、毀譽而改其所守，爲立志高遠、淡泊知足、秉持操守之具體展現。若乃寡廉鮮恥、專務趨競、無所不至，雖得利祿，實無異於盜竊之所爲，又何益於己身？西晉王祥〈遺令〉曾言：

> 夫言行可覆，信之至也；推美引過，德之至也；揚名顯親，孝之至也；兄弟怡怡，宗族欣欣，悌之至也；臨財，莫過乎讓，此五者，立身之本。

王氏臨終以孝、德、悌、信、讓教示子孫，亦訓勉其人以德行操守爲修身之要也。另，《三國志·魏志·辛毗傳》載辛氏教子：

> 時中書監劉放、令孫資見信於主，制斷時政，大臣莫不交好，而毗不與往

〔註4〕見《孟子·滕文公》。

來。毗子敢諫曰：「今劉、孫用事，眾皆影附，大人宜小降意，和光同塵，不然必有謗言。」毗正色曰：「主上雖未稱聰明，不爲闇劣。吾之立身，自有本末。就與劉、孫不平，不過令吾不作三公而已，何危害之有？正有大丈夫欲爲公而毀其高節者邪？」

魏明帝時期，劉放、孫資見信於人主，專擅時政，顯貴當世，時人多攀附求榮，唯辛氏不改立身原則，雖強勢所迫，仍教子崇德耿介、保其高節，不得矯情干俗、逢迎取媚，實爲秉持操守之楷模。

第二節　治家之法

茲檢此代家訓之語，分述其治家理念如下：

一、嚴謹不苟

《顏氏家訓‧治家》有言：

> 夫風化者，自上而行於下者也，自先而施於後者也。是以父不慈則子不孝，兄不友則弟不恭，夫不義則妻不順矣。

是明治家當井然不苟，並以身作則，由上而下，自先而後，以使父慈子孝、兄友弟恭、夫義婦順，〈教子〉述及：

> 父母威嚴而有慈，則子女畏慎而生孝。

父母對待子女應威嚴而慈愛，使子女敬畏恭慎，心存孝思，若其疏盡管教而欲佳子弟者，實不可能，如〈教子〉所言：

> 飲食運爲，恣其所欲，宜誡翻獎，應訶反笑，至有識知，謂法當爾。驕慢已習，方復制之，捶撻至死而無威，忿怒日隆而增怨，逮于成長，終爲敗德。

對於子女之管教不可「重於訶怒」、「不忍楚撻」，當誡則誡，應罰則罰，不然任其恣意胡爲，一但長成，積習已定，雖捶撻忿怒亦無法扭轉其驕慢之性也。〈教子〉載：

> 當以疾病爲諭，安得不用湯藥鍼艾救之哉？又宜思勤督訓者，可願苛虐於骨肉乎？誠不得已也。

勤於督責訓示者，豈在苛刻虐待子女？乃欲教之以義方，勿爲邪辟，此猶人之有病痛，不得不求諸湯藥鍼艾之救也，〈治家〉亦載：

> 笞怒廢於家，則豎子之過立見；刑罰不中，則民無所措手足。治家之寬猛，亦猶國焉。

在上位者失其準的，濫行賞罰，則百姓無所適從、不知所措，是以弊病叢生。治家

亦然，當寬猛並濟，嚴謹不苟，方能使子弟畏慎、家道雍熙。

二、勤儉素樸

治家除嚴謹外，儉樸亦為要項之一，尤其此代社會瀰漫侈靡之風〔註5〕，是以崇儉誡奢之教誡則更顯其意義，今舉數例以對：

其一，魏武帝〈內誡令〉，說明自我情性儉素，冀家人學習之：

> 孤不好鮮飾嚴具，所用雜新皮韋笥，以黃韋緣中。遇亂無韋笥，乃作方竹嚴具，以帛衣粗布作裡，此孤之平常所用者也。內中婦曾置嚴具，於時為之推壞。

其二，宋文帝〈誡江夏王義恭書〉，教子供養不可太過，宜儉素持家：

> 今既進袁太妃供給，計足充諸用，此外一不須復有求取，近亦具白此意。唯脫應大餉致，而當時遇有所乏，汝自可少多供奉耳。汝一月日自用不可過三十萬，若能省此益美。……聲樂嬉游，不宜令過，拏蒲漁獵，一切勿為。供用奉身，皆有節度，奇服異器，不宜興長。汝嬪侍左右，已有數人，既始至西，未可忽忽復有所納。

其三，宋顏延之〈庭誥〉，誡子不可縱情恣意、浮華怪飾、奇服麗食：

> 浮華怪飾，滅質之具；奇服麗食，棄素之方。動人勸慕，傾人顧盼，可以遠識奪，難用近欲從。若睹其淫怪，知生之無心，為見奇麗，能致諸非務，則不抑自貴，不禁自止。

其四，齊豫章王〈誡諸子〉，以「滅身喪族、削奪邑地」，誡子驕奢之過：

> 凡富貴少不驕奢，以約失之者鮮矣。漢世以來，侯王子弟，以驕恣之故，大者滅身喪族，小者削奪邑地，可不誡哉！

其五，北魏楊椿〈誡子孫〉，說明自家歷代儉樸，雖有厚祿亦不失其初衷，是以教子孫恭儉以傳家，不得華纂：

> 我家入魏之始，即為上客，給田宅，賜奴婢、馬牛羊、遂成富室。自爾至今二十年，二千石、方伯不絕，祿恤甚多。至於親姻知故，吉凶之際，必厚加贈襚；來往賓僚，必以酒肉飲食。是故親姻朋友無憾焉。國家初，丈夫好服綠色。吾雖不記上谷翁時事，然記清河翁時服飾，見翁著布衣韋帶，常約敕諸父曰：「汝等後世，脫若富貴於今日者，慎勿積金一斤、綵帛百匹以上，用為富也。」又不聽治生求利，又不聽與勢家作婚姻。至吾兄弟，不能遵奉。今汝等服乘，以漸華好，吾是以知恭儉之德，漸不如上世也。

其六，北齊魏收〈枕中篇〉，教子誡侈窒欲，以避禍患：

> 嗚呼！處天壤之間，勞死生之地，攻之以嗜欲，牽之以名利，梁肉不期而共臻，珠玉無足而俱致；於是乎驕奢仍作，危亡旋至。

其七，《顏氏家訓‧治家》，教子儉樸，而不吝鄙：

> 孔子曰：「奢則不孫，儉則固；與其不孫也，寧固。」又云：「如有周公之才之美，使驕且吝，其餘不足觀也已。」然則可儉而不可吝已。儉者，省約為禮之謂也；吝者，窮急不卹之謂也。今有施則奢，儉則吝；如能施而不奢，儉而不吝，可矣。

其八，〈止足〉則誡子不得驕泰縱恣

> 天地鬼神之道，皆惡滿盈。謙虛沖損，可以免害。人生衣趣以覆寒露，食趣以塞飢乏耳。形骸之內，尚不得奢靡，己身之外，而欲窮驕泰邪？周穆王、秦始皇、漢武帝，富有四海，貴為天子，不知紀極，猶自敗累，況士庶乎？常以二十口家，奴婢盛多，不可出二十人，良田十頃，堂室纔蔽風雨，車馬僅代杖策，蓄財數萬，以擬吉凶急速，不啻此者，以義散之；不至此者，勿非道求之。

其九，北魏源賀〈遺令〉敕其諸子以清約律己，不可奢越驕吝：

> 汝其毋傲吝，毋荒怠，毋奢越，毋嫉妒。

「奢」為敗家之源，「儉」為持家之道，而「勤」則為興家之法，宋顏延之〈庭誥〉教家人勤於耕織：

> 祿利者受之易，易則人之所榮，蠶穡者就之艱，艱則物之所鄙。艱易既有勤倦之情，榮鄙又間向背之意，此二塗所為反也。以勞定國，以功施人，則役徒屬而擅豐麗；自埋於民，自事其生，則督妻子而趨耕織。必使陵侮不作，懸企不萌，所謂賢鄙處宜，華野同泰。

衣、食二項為生活之資，雖有艱辛之苦，仍要勤恤不懈，努力生產，以利家道，《顏氏家訓‧治家》亦有類似之言：

> 生民之本，要當稼穡而食，桑麻以衣。蔬果之蓄，園場之所產；雞豚之善，塒圈之所生。爰及棟宇器械，樵蘇脂燭，莫非種殖之物也。至能守其業者，閉門而為生之具以足，但家無鹽井耳。

是知「勤儉」、「奢靡」為家道興衰之機，自不可不慎。最後再舉一例以對，《晉書‧殷仲堪傳》載：

> 仲堪自在荊州，連年水旱，百姓饑饉，仲堪食常五碗，盤無餘餚，飯粒落席間，輒拾以噉之，雖欲率物，亦緣其性真素也。每語子弟云：「人見我

> 受任方州，謂我豁平昔時意，今吾處之不易。貧者，士之常，焉得登枝而
> 捐其本？爾其存之。」

殷氏出身士族，祖融任太常、吏部尚書；父師仕驃騎諮議參軍、晉陵太守、沙陽男等職。其人顯貴時仍不改儉素本性，以身作則教子不因富貴而棄本驕泰，此誠家族長輩為繫保勤儉家風之共同心聲也。

三、恪遵倫常

古云：「家和萬事興。」乃有家有室者維繫家道之理想，如蜀向朗〈誡子遺言〉曰：

> 《傳》稱師克在和不在眾，此言天地和則萬物生，君臣和則國家平，九族
> 和則動得所求，靜得所安，是以聖人守和，以存以亡也。吾，楚國之小子
> 耳，而早喪所天，為二兄所誘養，使其性行不隨祿利以墮。今但貧耳，貧
> 非人患，惟和為貴，汝其勉之！

向氏晚年潛心典籍，孜孜不倦〔註6〕，深感國家不和，以致分崩離析而衰亡；家庭不和，必致兄弟相殘，夫妻反目，由是誡其子「以和為貴」，不可因利祿而墮其德。而齊豫章王〈遺令〉云：

> 無吾後，當共相勉勵，篤睦為先，才有優劣，位有通塞，運有富貧，此自
> 然理，無足以相陵侮。勤學行，守基業，修閨庭，尚閒素，如此足無憂患。
> 聖主儲皇及諸親賢，亦當不以吾沒易情也。

豫章王寬仁弘雅，有大成之量〔註7〕，勉其子平實和睦、閒素自持、勤篤向學、固守家業，以期閨庭理治。

上述向、蕭二氏臨終遺言猶不忘叮嚀子孫以敦睦之事，乃深明家和為興家之道也。家之杳樂期於夫婦義順、父子慈孝、兄弟友愛，正如《詩經·小雅·常棣》所言：

> 妻子好合，如鼓琴瑟。
> 兄弟既翕，和樂且湛。
> 宜爾室家，樂爾妻孥。

夫妻好合，情相親近，宛如琴瑟之和鳴；再加以兄弟敦洽，相互濟助，則闔家興盛之道即在其中矣。《顏氏家訓·兄弟》曰：

> 夫有人民而後有夫婦，有夫婦而後有父子，有父子而後有兄弟：一家之親，
> 此三而已矣。自茲以往，至於九族，皆本於三親焉，故於人倫為重者也，

〔註6〕見《三國志·蜀志·向朗傳》。
〔註7〕見《南齊書·豫章王傳》。

不可不篤。

夫婦、父子、兄弟爲家族倫常之根本，三親和諧則家道穩固，擴而言之，亦可敦睦九族，永保其祉。宋顏延之〈庭誥〉曰：

> 欲求子孝必先慈，將責弟悌務爲友。雖孝不待慈，而慈固植孝；悌非期友，而友亦立悌。

以爲父兄當以身作則，先行慈祥、友愛，乃可期於子弟之孝順、恭敬，以臻於家和，魏王昶〈家誡〉載：

> 夫爲人子之道，莫大於寶身全性，以顯父母。

又載：

> 夫孝敬仁義，百行之首，行之而立，身之本也。孝敬則宗族安之，仁義則鄉黨重之，此行成於內，名著於外者矣。

孝順父母、敬事長上爲家族安定之力量，由此引申，則能以仁義接物處世，使德成於內而聲著於外。再如東晉陶潛〈與子儼等疏〉言：

> 然汝等雖不同生，當思四海皆弟之義。鮑叔、敬仲，分財無猜；歸生、武舉，班荊道舊，遂能以敗爲成，因喪立功，他人尚爾，況共父之人哉？潁川韓元長，漢末名士，身處卿佐，八十而終，兄弟同居，至於沒齒。濟北氾稚春，晉時操行人也，七世同財，家人無怨色，《詩》云：「高山仰止，景行行止。」汝其慎哉！吾復何言。

文中舉「四海之內皆兄弟」之義〔註8〕，並列鮑叔、管仲分財不疑；歸生、武舉布荊敍情；韓元長、氾秩春兄弟睦之例，勉其五子當悌友。《顏氏家訓·兄弟》亦載：

> 兄弟者，分形連氣之人也，方其幼也，父母左提右挈，前襟後裾，食則同案，衣則傳服，學則連業，游則共方，雖有悖亂之人，不能不相愛也。及其壯也，各妻其妻，各子其子，雖有篤厚之人，不能不少衰也。

言明手足兄弟，同親所生，血源至深，衣食相共，學游同方，自要親愛互助。不然，隙起蕭牆，何以立足於世？誠如顏氏所云：

> 兄弟不睦，則子姪不愛；子姪不愛，則群從疏薄；群從疏薄，則僮僕爲讎敵矣。如此，則行路皆踏其面而蹈其心，誰救之哉？人或交天下之士，皆有歡愛，而失敬於兄者，何其能多而不能少也！人或將數萬之師，得其死力，而失恩於弟者，何其能疏而不能親也！

親生手足若無法相愛相濟，甚或兩相侵凌，則外侮必至，是不可不深思也。尤其此

〔註8〕見《論語·顏淵》。

代人講究門第，莫不冀望子弟能「入順父兄，出悌鄉黨」〔註9〕，使室家門戶和諧興昌。由是，孝悌之行實爲賢父兄、佳子弟之要件也。

第三節　爲學之方

古來勸學之文，不勝枚舉，如《禮記・學記》載：

> 玉不琢，不成器；人不學，不知道。

《荀子・勸學》亦言：

> 君子曰：學不可以已。青，取於藍，而青於藍；冰，水爲之，而寒於水。木直中繩，輮以爲輪，其曲中規，雖有槁暴，不復挺者，輮使之然也。故木受繩則直，金就礪則利，君子博學而日參省乎己，則知明而行無過矣。

人稟資賦，不學無以發其潛能，是以《尚書・兌命》言：

> 念終始典于學。

乃肯定爲學之重要。而孔子亦教人〔註10〕：

> 吾嘗終日不食，終夜不寢，以思，無益，不如學也。

梁簡文帝〈誡當陽公大心書〉即引以教子：

> 汝年時尚幼，所關者學，可久可大，其惟學歟！所以孔丘言：「吾嘗終日不食，終夜不寢，以思，無益，不如學也。」若使面牆而立，沐猴而冠，吾所不取。

不學之人猶如「面牆而立」，一無所知；亦如「沐猴而冠」，虛有其表，欲充實自我、名符其實，則當問學以求廣大。《顏氏家訓・勉學》言之更詳：

> 生而知之者上，學而知之者次，所以學者，欲其多知明達耳。……夫所以讀書學問，本欲開心明目，利於行耳。

又言：

> 人生在世，會當有業：……有學藝者，觸地而安。自荒亂以來，諸見俘虜，雖百世小人，知讀《論語》、《孝經》者，尚爲人師。……縱不能增益德行，敦厲風俗，猶爲一藝，得以自資。

說明爲學可以啓迪心性、多方涉知、通達事理，以使行誼合度。不然，亦可謀職安身，期於自立，正是「積財千萬，不如薄伎在身」之意〔註11〕。總之，爲學既重要，

〔註9〕見北魏宋隱〈臨終誡子侄〉。
〔註10〕見《論語・衛靈公》。
〔註11〕見《顏氏家訓・勉學》。

故家族長輩於家訓文中亦教子以勤篤向學，茲分三點敘述如后：

一、珍惜寸陰

歲月難留，既往不可復來，昔孔子於川上，不禁歎曰〔註12〕：

> 逝者如斯夫，不舍晝夜。

寸陰一去不返，焉得不加珍重，及時勤學？魏王修〈誡子書〉即言：

> 自汝行之後，恨恨不樂。何者？我實老矣，所恃汝等也，皆不在目前，意
> 遑遑也。人之居世，忽去便過，日月可愛也。故禹不愛尺璧而愛寸陰，時
> 時不可還，若年大不可少也；欲汝早之，未必讀書，並學作人。

百花凋謝，猶有綻放之機；綠草枯萎，亦有再青之時，惟短短人生，稍縱即逝，無從挽回，若浪擲虛度，將一事無成，遺憾終身，昔大禹不愛尺璧而重寸陰，其理即在此矣，是以王氏教子愛惜寸陰，及早向學，乃能有所成就。此外，北周王褒〈幼訓〉則言：

> 陶士衡曰：「昔大禹不吝尺璧而重寸陰。」文士何不誦書，武士何不馬射。
> 若乃玄冬修夜，朱明永日，肅其居處，崇其牆仞，門無粿雜，坐闃號吷，
> 以之求學，則仲尼之門人也；以之為文，則賈生之升堂也。

王氏引陶侃之語，教示子弟流光可貴，應惜時向學——無論冬夜或夏日，均應使住所保持靜肅，使門前無雜亂、座上無喧嘩，以便專心探究學問。如此，論及學識，則如孔門弟子之博通；言及為文，則如賈生之才高，斯乃為善耳。《顏氏家訓・勉學》亦有類似之言：

> 光陰可惜，譬諸逝水。當博覽機要，以濟功業，必能兼美，吾無間焉。

之推教誡後輩子孫愛惜光陰，及時努力，以習得學問，濟助功業。不然，蹉跎歲月，不得精進，徒傷悲老大矣。

二、勤勉不懈

蜀諸葛亮〈誡子書〉曾云：

> 夫學須靜也，才須學也，非學無以廣才，非志無以成學。淫慢則不能勵精，
> 險躁則不能治性，年與時馳，意與歲去，遂成枯落，多不接世，悲守窮廬，
> 將復何及！

人稟其才，須學以砥礪之，一但有心於學，則須持志不貳、勤勉不懈，乃得其效，故諸葛氏以「志」、「靜」說明向學廣才之理，否則怠慢傲惰，與時具滅，終無所成。

〔註12〕見《論語・子罕》。

另，《顏氏家訓・勉學》述及：

> 自古明王聖帝，猶須勤學，況凡庶乎！

學海無涯，惟勤是岸，不論帝王或凡庶，無人能免此則。梁元帝〈自敘〉論及一己為學之勤曰：

> 余六歲解為詩，……吾年十三，誦百家譜。……吾小時夏夕中，下絳紗蚊
> 絢，中有銀甌一枚，貯山陰甜酒，臥讀有時至曉，率以為常，又經病瘡，
> 肘膝盡爛，比來三十餘載，泛玩眾書萬餘矣。自余年十四，苦眼疾沈痼，
> 比來轉暗，不復能自讀書。三十六年來，恆令左右唱之，曾生所謂誦詩讀
> 書，與古人居；讀書誦詩，與古人期，茲言是矣。

元帝自幼勤篤向學，未嘗懈怠，雖膝肘盡爛、罹患眼疾，仍誦讀不輟，是以能博總群書、下筆成章、出言成論，史家譽以「才辯敏速，冠絕一時」〔註13〕，誠不為過。後《顏氏家訓・勉學》即引以教子勤勉於學：

> 梁元帝嘗為吾說：「昔在會稽，年始十二，便以好學，時又患疥，手不得
> 拳，膝不得屈，閑齋張葛幃避蠅獨坐，銀甌貯山陰甜酒，時復進之，以自
> 寬痛。率意自讀史書，一日二十卷，既未師受，或不識一字，或不解一語，
> 要自重之，不知厭倦。」帝子之尊，童稚之逸，尚能如此，況其庶士，冀
> 以自達者哉？

可知堅毅心志，劬勤問學，實為家長所欲期勉於後世子孫者，如齊王僧虔〈誡子書〉載及：

> 況吾不能為汝陰，政應各自努力耳。或有身經三公，蔑爾無聞；布衣寒素，
> 卿相屈體。或父子貴賤殊，兄弟聲名異。何也？體盡讀數百卷書耳。

王氏出身顯貴〔註14〕，卻不以家世蔽蔭子弟，教子發奮向學、各自努力，方為長久之計。其孫王筠〈自敘〉則言：

> 余少好書，老而彌篤，雖偶見瞥觀，皆即疏記，後重省覽，歡興彌深，習
> 與性成，不覺筆倦。自年十三四，齊建武二年乙亥至梁大同六年，四十六
> 載矣。幼年讀《五經》，皆七八十遍。愛《左氏春秋》吟諷常為口實，廣
> 略去取，凡三過五抄。餘經及《周官》、《儀禮》、《國語》、《爾雅》、《山海
> 經》、《本草》並再抄。子史諸集皆一遍。未嘗倩人假手，並躬自抄錄，大
> 小百餘卷。不足傳之好事，蓋以備遺忘而已。

王筠秉承祖訓，勤於學問，自少及長，凡所覽閱，如《五經》、《周官》、《儀禮》、《國

〔註13〕見《梁書・元帝紀》。
〔註14〕參見第三章第一節。

語》、《爾雅》、《山海經》、《本草》皆躬自抄錄，或一遍；或三、五遍；至有七、八十遍者，其篤學、抄書之勤，足為後人習仿。上述梁元帝、王僧虔、王筠之例，可知士族之重家學，往往聚藏書籍，其人勤勉刻苦，勵志向學，為人所歎服，則門第中人講究累世家學，積厚流光，企盼自我與子孫具備經史文籍之內涵者，自不難想知也。要之，欲充實自我內涵捨勤學不怠，實無他途，是以見子弟疏於向學，自不免有責難之語，如東晉陶潛〈責子詩〉載：

> 白髮被兩鬢，肌膚不復實。雖有五男兒，總不好紙筆。阿舒已二八，懶惰故無匹。阿宣行志學，而不好文術。雍端年十三，不識六與七。通子垂九齡，但覓梨與栗。天運苟如此，且進杯中物。

淵明五子——儼年十六，疏懶不知向學；俟年十五，亦不好文術；份、佚年十三而六、七不辨；佟年九齡，但知覓食。此詩讀來頗具趣味，然仔細究之，陶氏恨子不才之情實溢於紙間。又如宋孝武帝〈答子業〉言：

> 書不長進，此是一條耳。聞汝比素業都懈怠，狷戾日甚，何以頑固乃爾耶？

廢帝子業怠忽課業，書跡不整，孝武患之，遂作書詰讓，冀其專心勤勉、奮發向學。另，齊武帝〈敕盧陵王子卿〉亦責其子：

> 汝比在都，讀書不就，年轉成長，吾日冀汝美，勿得敕如風過耳，使吾失氣。

是知遇有子弟荒嬉怠惰、不知上進，家長則不厭其煩、切切告誡，為免其人孤陋寡聞，無以自立。

三、博聞而精

為學除要珍惜寸陰，及時求知；持之以恆，努力不懈外，亦要博覽機要，以求其，廣大精深，《顏氏家訓‧勉學》載：

> 夫學者，貴能博聞也。郡國山川，官位姓族，衣服飲食，器皿制度，皆欲尋根，得其原本。

顏氏教子學習不可拘限一方，宜廣泛涉聞，如郡國之區畫歸屬、山川之形勢名稱、爵位之高下職守、姓族之淵源傳承、衣服之款制式樣、飲食之取用類別、器皿之差異用途、制度之沿革轉變等，均應了解其原始本末，以充實智識、增廣見聞。再者，欲有所博聞，則應由廣涉群書著手，故顏氏教子弟不可如「俗間儒士，不涉群書，經緯之外，義疏而已」，當「博覽經籍」，多方閱覽聖賢之書矣。然亦應注意「博覽機要」〔註15〕，取其菁華要旨，以免雜漫無章，流於空疏。齊魏收〈枕

〔註15〕引文各見《顏氏家訓‧勉學》、〈書證〉。

中篇〉言：

> 聞諸君子，雅道之士，遊遨經術，厭飫文史，筆有奇錄，談有勝理。

而西涼李暠〈寫諸葛亮訓誡應璩奉諫以勖諸子〉亦言：

> 且經史道德如採菽中原，勤之者則功多，汝等可不勉哉！

經術文史備載聖賢智慧之菁華，習以為用則可使人言行準的、下筆琳瑯，誠受益匪淺也。又如魏文帝曹丕〈自敘〉所載：

> 上雅好《詩》、《書》文籍，雖在軍旅，手不釋卷，每每定省從容，常言人少而好學則思專，長則善忘，……余是以少誦詩、論，及長而備歷《五經》、《四部》，《史》、《漢》諸子百家之言，靡不畢覽。

說明一己稟受庭訓，自幼篤志勵學，習誦詩、論、《五經》、《四部》、《史記》、《漢書》等經史百家之書，是知其治學範疇之廣博，史稱文帝「天資文藻，下筆成章，博聞強識，才藝兼該」〔註16〕，實其來有自矣。蜀漢昭烈帝〈遺詔〉則云：

> 勉之，勉之！勿以惡小而為之，勿以善小而不為。惟賢惟德，能服於人。汝父德薄，勿效之。可讀《漢書》、《禮記》，閒暇歷觀諸子及《六韜》、《商君書》，益人意智。

乃期勉後主敦品勵學，歷觀《漢書》、《禮記》、《六韜》、《商君書》等先哲典籍，以為賢德博識之人，方能服眾。

第四節　處世之宜

人生而在世，無法離群索居，因此立身、治家、為學外，群己關係之適度發展，亦為要事，《中庸》曰：

> 萬物並育而不相害，道並行而不相悖。

即說明群己關係之理想狀態。魏晉南北朝時代，士風衰頹、道德不振〔註17〕，處世之方、待人之法，亦為此代家族長輩所欲教其子弟者，以下分謙遜不驕、謹言慎行、擇其所交三項討論之。

一、謙遜不驕

「謙受益，滿招損」為古之明訓，家族長輩為使子弟處世圓融，每教子弟以謙遜之理，如魏王昶〈家誡〉云：

〔註16〕見《三國志‧魏志‧文帝紀》。
〔註17〕參見第六章第三節。

夫物速成則疾亡，晚就則善終。朝華之草，夕而零落；松柏之茂，隆寒不衰。是以大雅君惡速成，誡闕黨也。若范勻對秦客而武子擊之折其委笄，惡其掩人也。夫人有善鮮不自伐，有能者寡不自矜；伐則掩人，矜則陵人。掩人者人亦掩之，陵人者人亦陵之。故三郤爲戮于晉，王叔負罪於周，不惟矜善自伐好爭之咎乎？故君子不自稱，非以讓人，惡其蓋人也。夫能屈以爲伸，讓以爲得，弱以爲彊，鮮不遂矣。

誡其子謙沖爲懷，以退爲進、以屈爲伸，乃能全身自保，否則矜善自伐、凌勢誇傲，亦將爲他人所凌，如范文子驕矜己長，三答秦客之問，爲其父范武子質責〔註18〕；而郤犨、郤至、郤錡恃寵傲慢，舉止無禮，爲晉厲公所殺〔註19〕；王叔陳生以財自負，譏侮伯輿，終難容於周室，出奔晉國等〔註20〕，皆驕矜傲慢，自取禍敗之例證，焉能不取以爲誡？凡事「審道而行，量路而止。自我及物，先人後己」〔註21〕，則怨嫉自少，宋顏延之〈庭誥〉亦言：

> 夫内居德本，外夷民譽，言高一世，處之逾默；器重一時，體之滋沖，不
> 以所能干衆，不以所長議物，淵泰入道，與天爲人者，士之上也。

教子以德修持，聲譽自來，若世有佳評並以器重，則謙默自居，不可恃才傲物。尤其在上位者更應秉此原則，謙以待下，方能契合眾力，成其大業，如西涼李暠〈手令誡諸子〉言之：

> 富貴而不驕者至難也，念此貫心，勿忘須臾。僚佐邑宿，盡禮承敬，讌饗
> 饌食，事事留懷。

宋文帝〈誡江夏王義恭書〉則述及：

> 禮賢下士，聖人垂訓；驕侈矜尚，先哲所去。

梁徐勉〈誡子崧書〉亦載：

> 凡爲人長，殊復不易，當使中外諧緝，人無間言，先物後己，然後可貴。
> 老生云：「後其身而身先。」若能爾者，更招巨利。

富貴而驕，人之大患，古來以驕失之者眾矣。上述諸人身居要位，深知謙沖自牧、禮賢下士，方能成就德業，故以經驗教其子弟篤守謙遜、去除傲慢，所謂「曲則全，枉則直，窪則盈，敝則新，少則得，多則惑」〔註22〕，此理之常，不待辯耳。

〔註18〕事見《國語・晉語》。
〔註19〕事見《左傳》成公十七年。
〔註20〕事見《左傳》襄公十三年。
〔註21〕見北齊魏收〈枕中篇〉。
〔註22〕見《老子》二十二章。

二、謹言慎行

對待人物、與人交往，稍不留意，得罪他人，小者結怨，大者殺身。魏晉以來，朝綱不振，殺戮無常，則謹慎言行更顯其重要性，如魏王修〈誡子書〉言：

> 行止與人，務在饒之，言思乃出，行詳乃動，皆用情實道理，違斯敗矣。

誡子思然後言，審然後行，而西晉羊祜〈誡子書〉亦云：

> 恭爲德首，慎爲行基，願汝等言則忠信，行則篤敬，無口許人以財，無傳
> 不經之談，無聽毀譽之語。聞人之過，耳可得受，口不得宣，思而後動。
> 若言行無信，身受大謗，自入刑論，豈復惜汝？

羊氏教子以恭慎爲準，不輕諾許人、不傳無稽之言、不揚他人之惡，凡事皆審思詳察而後行，方不致有毀辱。又，李秉〈家誡〉則言：

> 凡人行事，年少立身，不可不慎，勿輕論人，勿輕説事，如此則悔吝何由
> 而生，患禍無從而至矣。

留心言行舉止，則言忠信，行篤敬，斯可無憾恨也。另，北齊魏收〈枕中篇〉亦曰：

> 門有倚禍，事不可不密；牆有伏寇，言不可而失。宜諦其言，宜端其行。
> 言之不善，行之不正。鬼執強梁，人因徑廷。幽奪其魄，明夭其命。不服
> 非法，不行非道。

大抵言之所出，行之所舉，當審密斟酌、思前慮後，如此「言寡尤、行寡悔」〔註23〕，斯乃爲善。

三、擇其所交

《論語·季氏》曾言：

> 益者三友，損者三友：友直、友諒、友多聞，益矣；友便辟、友善柔、友
> 便佞，損矣。

說明正直、誠信、博學之人，可與爲友，而慣於逢迎、工於獻媚、口辯無實之人，則應遠離。蓋所與交者，入人至深，不可不慎，《荀子·勸學》載：

> 蓬生麻中，不扶而直；白沙在涅，與之俱黑。蘭槐之根是爲芷，其漸之滫，
> 君子不近，庶人不服。其質非不美也，所漸者然也。故君子居必擇鄉，遊
> 必就士，所以防邪僻而近中正也。

是知與善人交，則切磋規勉，日進上達；與惡人交，則放恣邪恥，日趨下流，應慎爲擇選，親賢慕善，所謂「交友投分，切磨箴規」〔註24〕，誠中肯之論。魏劉廙〈誡

〔註23〕見《論語·爲政》。
〔註24〕見梁周嗣興〈千字文〉。

弟偉〉言之：

> 夫交友之美在於得賢，不可不詳，而世之交者不審擇人，務合黨從，違先
> 聖人交友之義，此非厚己輔仁之謂也。吾觀魏諷不修德行而專以鳩合為
> 務，華而不實，此直攬世沽名者也，卿其慎之，勿復與通！

劉偉與魏諷友善，諷為人虛浮不實，且議計謀反，是以劉氏乃撰書教其弟詳於擇友，
以友輔仁〔註25〕。另，王修〈誡子書〉言及：

> 效高人遠節，聞一得三，志在善人，左右不可不慎。

梁徐勉〈誡子書〉亦載：

> 汝當自勗，見賢思齊，不宜忽略以棄日也。非徒棄日，乃是棄身，身名美
> 惡，豈不大哉！可不慎歟？

二者皆誡其子與賢善之人交遊。宋顏延之、北齊顏之推亦有同論，前者之〈庭誥〉
云：

> 遊道雖廣，交義為長。得在可久，失在輕絕。久由相敬，絕由相狎。愛之
> 勿勞，當扶其正性；忠而勿誨，必藏其枉情。輔以藝業，會以文辭，使親
> 不可褻，疏不可間，每存大德，無挾小怨。率此往也，足以相終。

交友當以「義」為準的，敬重相待，不陷於狎；規諫忠告，不失於直，並輔以藝業
文辭，乃可常保友誼。後者〈慕賢〉言之：

> 是以與善人居，如入芝蘭之室，久而自芳也；與惡人居，如入鮑魚之室，
> 久而自臭也。《墨子》悲於染絲，是之謂矣。

凡風俗、儀節、人物，於人人皆有深切影響，其中又以人物為要，故慎於交遊，擇
善去惡，乃為上策。

第五節　敬業之則

　　分工互助，各司其職，社會乃得運作，百姓乃得生活，是以敬業守分實人人所應
切記者，今檢此代家長教子之言，分述盡忠職守、廉潔清白、秉公無私等三項敬業觀：

一、盡忠職守

　　西晉杜預〈自述〉言：

> 在官則勤於吏治，在家則滋味典籍。

史稱杜氏「身不跨馬，射不穿札，然每任大事，輒居將率之列」，今推其原由，除「博

〔註25〕見《三國志・魏志・劉廙傳註》。

學多通，明於興廢」之才能外〔註26〕，其行事任官盡忠職守之態度亦是重要關鍵。
另，東晉梅陶之〈自敘〉亦言：

> 余居中丞，曾以法鞭皇太子傅，親友莫不致諫，余笑而應之曰：「堂高由
> 於陛下，皇太子所以得崇於上，由吾奉王憲於下也，吾敢枉道曲媚？」後
> 皇太子特見延請。賜以清讌之禮，敬之如師。

梅氏任職中丞，曾以法鞭督責皇子傅，親友莫不以為憂，乃致言相勸，然其人依法
盡職，不為所動，言以不枉道曲媚，實仕宦之正途也。茲再以羊琇、虞潭二人母親
教子之言作一說明──羊琇為鍾會所辟，任職參軍，其母辛憲英以為守分盡職乃人
之大義，故誡之曰〔註27〕：

> 行矣，誡之！古之君子，入則致孝於親，出則致節於國，在職思其所司，
> 在義思其所立，不遺父母憂患而已。

另，虞潭於蘇峻兵反之時，都五郡軍事，奉敕平亂，其母孫氏貿其所服、環佩以為
軍資，並誡之曰〔註28〕：

> 吾聞忠臣出孝子之門，汝當捨身取義，勿以吾老為累也。

辛、孫二氏深明大義，教子盡職守分，勤於己任，故能使其琇、潭二人，全其身、
成其節也〔註29〕。

二、廉潔清白

西晉李秉〈家誡〉教其子：

> 為官長當清，當慎，當勤，修此三者，何患不治乎？

清者，廉潔也，取捨以道，不為利誘，則可忠於所司，不瀆其職，此勤奮謹慎者之
表現也。如《三國志・吳志・孫皓傳註》載孟仁母誡子避嫌：

> （孟仁）除為監池司馬。自能結網，手以捕魚，作鮓寄母，母因以還之，

〔註26〕見《晉書・杜預傳》。
〔註27〕見《三國志・魏志・辛毗傳註》。
〔註28〕虞潭事見《晉書・虞潭傳》，而孫氏之語則見《誡子通錄》卷八。
〔註29〕《三國志・魏志・辛毗傳註》：
其後會請子琇為參軍，憲英憂曰：「他日見鍾會之出，吾為國憂之矣。今日難至吾家，
此國之大事，必不得止也。」琇固請司馬文王，文王不聽。憲英語琇曰：「行矣，戒
之！古之君子，入則致孝於親，出則致節於國，在職思其所司，在義思其所立，不
遺父母憂患而已。軍旅之間，可以濟者，其惟仁恕乎！汝其慎之。」琇竟以全身。
《晉書・虞潭傳》：
大駕逼邊，潭勢弱，不能獨振，乃固守以俟四方之舉。會陶侃等下，潭與郁鑒、王
舒協同義舉。

日：「汝爲魚官，而以鮓寄我，非避嫌也。」

孟氏任監池司馬，雖自致魚鮓，其母猶誡之以守分廉慎，方不致引惹嫌疑。另，《晉書・列女傳》載陶侃母湛氏亦教其子：

> 侃少爲潯陽縣吏，嘗監魚梁，以一坩鮓遺母，湛氏封鮓及書責侃曰：「爾爲吏以官物遺我，非惟不能益吾，乃以增吾憂矣。」

陶侃之母誡子不得私據公物，乃期子弟廉潔清白。又如梁徐勉〈誡子崧書〉所言：

> 吾家世清廉，……所以顯貴以來，將三十載，門人故舊，亟薦便宜，或使創闢田園，或勸興立邸店，又欲軸艫運致，亦令貨殖聚斂。若此眾事，皆距而不納。

徐氏任顯貴要職，而清廉自守，並以「清白遺子孫」，較之當世豪門仕宦之私蔭、兼并，乃至私營圖利者〔註30〕，誠爲高尚清流。

三、秉公無私

西涼李暠〈手令誡諸子〉曾云：

> 事任公平，坦然無類。

而宋顏延之〈庭誥〉亦載：

> 道者識之公，情者德之私。公通，可以使神明加嚮；私塞，不能令妻妾移心。
>
> 是以昔之善爲士者，必捐情反道，合公屏私。

公平、公開、公正爲執事良方，否則循私以行，左右失其準的，難服人心，魏武帝〈諸兒令〉云：

> 不但不私臣吏，兒子亦不欲有所私。

而〈誡子彰〉則云：

> 居家爲父子，受事爲君臣，動以王法從事，爾其誡之。

曹操坐擁大權，深知秉公議事方能成其業，故雖親爲子弟，亦不爲之私蔽。

　　由上述五節所論，此代家訓所以垂範立訓者，包含修身之要、治家之法、爲學之方、處世之宜與敬業之則等，其重點則欲使子弟立志清遠、增益德行，入則孝悌篤學、興盛家道；出則謙遜守分，恭謹處世，以成就健全之人格矣。

第六節　其他項目

　　本節將就自敘類家訓敘述自我生命歷程，以及遺誡類家訓交代儉葬事宜等，作

〔註30〕參見第二章第一節。

一綜合說明。

一、敘述自我生命歷程者

魏文帝曹丕〈自敘〉：

> 初平之元，董卓殺主鴆后，蕩覆王室，是時四海既困中平之政，兼惡卓之
> 凶逆，家家思亂，人人自危。山東牧守，咸以《春秋》之義，「衛人討州
> 吁於濮」，言人人皆得討賊。於是大興義兵，名豪大俠，富室強族，飄揚
> 雲會，萬里相赴；兗、豫之師戰於滎陽，河內之甲軍於孟津。卓遂遷大駕，
> 西都長安。而山東大者連郡國，中者嬰城邑，小者聚阡陌，以還相吞滅。
> 會黃巾盛於海、岱，山寇暴於并、冀，乘勝轉攻，席卷而南，鄉邑望煙而
> 奔，城郭睹塵而潰，百姓死亡，暴骨如莽。余時年五歲，上以世方擾亂，
> 教余學射，六歲而知射；又教余騎馬，八歲而能騎射矣。以時之多故，每
> 征，余常從。

說明自我生於王室蕩覆，思亂自危之世，是以其父曹操遂教以射箭騎馬之術，五歲
始習，八歲而精通之。稍長，則隨父征戰各地，因此歷練遂豐。另，同為帝王之高
貴鄉公〈自敘〉則載：

> 昔帝之生，或有禎祥，蓋所以彰顯神異也。惟予小子，支胤末流，謬為靈
> 祇之所相祐也，豈敢自比於前哲？聊紀錄以示後世焉。其辭曰：惟正始三
> 年，九月辛未朔，二十五日乙未直成，予生。於時也，天氣清明，日月暈
> 光，爰有黃氣，煙熅於堂，照曜室宅，其色煌煌。相而論之曰：「未者為
> 土，魏之行也；厥日直成，應嘉名也；煙熅之氣，神之精也；無災無害，
> 蒙神靈也。」

乃敘述一己出生時之禎祥，誠屬無稽之言。史載歷代帝王多感生、異生之說，此類
文字多出於他人之筆，然本篇則自述異於常人，或有以待者，蓋其文又曰：

> 群公受予，紹繼皇祚。以眇眇之身，質性頑固，未能涉道，而遵大路；臨
> 深履冰，涕泗憂懼。

可知其述說祥異或自許深重，希能紹繼皇祚，克承大業。史載高貴鄉公有大成之量，
見魏室皇權為司馬氏所蠶食，不願坐受廢辱，乃率僮僕數百出討之，為司馬昭麾下
賈充所弒，卒年二十〔註31〕，是知其「臨淵履冰，涕泗憂懼」之心矣。否則，徒述
禎祥，實不足觀。另，傅暢〈自敘〉提及：

> 暢字世道，年五歲，散騎常侍扶風魯叔虎與先公甚友善，以德量口喜與余

〔註31〕見《三國志‧魏志‧高貴鄉公紀》。

戲，嘗解余衣裼披其背，脫余金鐶與侍者，謂余當吝惜，而余笑與之。經

數日不索，遂於此見名，言論甚重。

以小時父友見戲之事，說明自我沖淡不爭之個性，由是遂見重，年末弱冠而甚有令

譽〔註32〕。而皇甫謐〈自敘〉乃追念母恩：

士安每病，母輒推燥居濕，以視易單。

至於劉峻之〈自敘〉則與東漢馮衍相比，言一己自少及長之失意事，其文云：

余自比馮敬通，而有同之者三，異之者四。何則？敬通雄才冠世，志剛金

石；余雖不及之，而節亮慷慨，此一同也。敬通值中興明君，而終不試用；

余逢命世英主，亦擯斥當年，此二同也。敬通有忌妻，至於身操井臼；余

有悍室，亦令家道轗軻，此三同也。敬通當更始之世，手握兵符，躍馬食

肉，余自少迄長，戚戚無歡，此一異也。敬通有一子仲文，官成名立；余

禍同伯道，永無血胤，此二異也。敬通膂力方剛，老而益壯；余有犬馬之

疾，溘死無時，此三異也。敬通雖芝殘蕙焚，終填溝壑，而爲名賢所慕，

其風流郁烈芬芳，久而彌盛；余聲塵寂漠，世不吾知，魂魄一去，將同秋

草，此四異也。所以自力爲敘，遺之好事云。

其文借古之事跡以自明，而感歎者約有五事：其一，節亮慷慨，而終不試用；其二，

室有悍婦，家道坎坷；其三，自少迄長，戚戚無歡；其四，禍同伯道，永無血胤；

其五，聲沉不彰，沒世無名。文中連用八「余」字，讀來強烈，歎息牢騷，流露字

間，原來梁武帝招文學之士，有高才者，多被引進，峻率性而動，不能隨眾浮沉，

帝頗嫌之，故不任用〔註33〕，是以爲文自述，一吐心跡，亦足爲後人借鏡。再觀《顏

氏家訓·序致》之言：

吾家風教，素爲整密。昔在齠齔，便蒙誘誨；每從兩兄，曉夕溫清，規行

矩步，安辭定色，鏘鏘翼翼，若朝嚴君焉。賜以優言，問所好尚，勵短引

長，莫不懇篤。年始九歲，便丁荼蓼，家塗離散，百口索然。慈兄鞠養，

苦辛備至；有仁無威，導示不切。雖讀《禮傳》，微愛屬文，頗爲凡人之

所陶染，肆欲輕言，不修邊幅。年十八九，少知砥礪，習若自然，卒難洗

盪。二十以後，大過稀焉；每常心共口敵，性與情競，夜覺曉非，今悔昨

失，自憐無教，以至於斯。

顏氏敘述其家風教嚴整周密，是以童稚時期即受誨訓誘導，凡好尚、短長皆爲親長

所重，教以存善去惡，乃得循規蹈矩、儀態和順。惜九歲喪親，家道中落，由兄長

〔註32〕見《晉書·傅暢傳》。

〔註33〕見《梁書·劉峻傳》。

撫育，仁恩有餘而威嚴不足，遂爲俗情所染，往往縱欲肆情、不修邊幅，後雖略知上進，然積習已成，卒難盡革，是以歎憐無教之悲也。要之，作者之生命歷程爲自敘主要內涵之一〔註34〕，其人深刻之人生歷練每具有眞實性與反省性，足可爲後世立身行事之參考也。

二、交代儉葬事宜者

遺令、遺誡類之家訓多提及埋葬之事，蓋生死問題歷來爲人所重，《中庸》曾言：

> 敬其所尊，愛其所親，事死如事生，事亡如事存。

乃視生死爲一事，生人之世界與鬼神之世界，實無二異。由此之故，乃特重喪禮，如《儀禮》一書多喪禮儀節之載記，而孔子釋「孝」之義亦曰〔註35〕：

> 生，事之以禮；死，葬之以禮，祭之以禮。

孟子論王道之始，則言〔註36〕：

> 使民養生喪死無憾。

本此重視生死之觀念，後遂演爲厚葬風氣，以致不知節制，由是節葬之說乃起，如《墨子·節葬》、《呂氏春秋·節喪》等均曾論及。入漢以來，厚葬風氣仍盛，《漢書·地理志》載：

〔註34〕此代自敘計有：魏——文帝曹丕〈自敘〉
　　　　　　高貴鄉公曹髦〈自敘〉
　　　　　　西晉——趙至〈自敘〉
　　　　　　　　　　杜預〈自敘〉
　　　　　　　　　　傅暢〈自敘〉
　　　　　　　　　　陸喜〈自敘〉
　　　　　　　　　　皇甫謐〈自敘〉
　　　　　　東晉——梅陶〈自敘〉
　　　　　　宋——范曄〈獄中與諸甥侄書以自敘〉
　　　　　　　　　謝靈運〈自敘〉
　　　　　　梁——簡文帝〈幽繫題壁自敘〉
　　　　　　　　　元帝蕭繹〈自敘〉
　　　　　　　　　江淹〈自敘傳〉
　　　　　　　　　蕭子顯〈自敘〉
　　　　　　　　　劉峻〈自敘〉
　　　　　　　　　王筠〈自敘〉
　　　　　　陳——江總〈自敘〉
　　　　其主要內容約有：敘述自我生命歷程者、敘述自我爲學之道者、敘述自我處世之方者、敘述自我人生理想者。其中二、三項可參見本章三、四節；第四項可參見第三章第三節。
〔註35〕見《論語·爲政》。
〔註36〕見《孟子·梁惠王》。

　　列侯貴人，車服僭上，眾庶放效，羞不相及，婚嫁尤崇侈靡，送死過度。

而桓寬《鹽鐵論·散不足》亦曰：

　　富者繡牆題湊，中者梓棺梗椁，貧者畫荒衣袍，繒囊緹橐。

是明上下貧富，莫不習於厚葬，即使葬死殫家，亦不足惜，如《後漢書·崔駰傳》
載崔寔厚葬其父：

　　剝賣田宅，起冢塋，立碑頌。葬訖，資產竭盡，因窮困，以酤釀販鬻為業。

其人販賣田宅，竭其資財，以為喪葬之事，不僅有違禮法，亦悖人情。相對於厚葬
風氣，儉葬之說亦時有所聞，如《漢書·楊王孫傳》云：

　　蓋聞古之聖王，緣人情不忍其親，故為制禮，今則越之，吾是以贏葬，將
　　以矯世也。夫厚葬誠亡益於死者，而俗人競以相高，靡財單幣，腐之地下。
　　或乃今日入而明日發，此真與暴骸於中野何異！……昔帝堯之葬也，窾木
　　為匱，葛藟為緘，其穿下不亂泉，上不泄殠。故聖王生易尚，死易葬也。
　　不知功於亡用，不損財於亡謂。今費財厚葬，留歸鬲至，死者不知，生者
　　不得，是謂重惑。於戲！吾不為也。

古之聖哲定訂喪禮，乃緣生人之不忍失其親，是以立禮法以安之，然流俗所趨壞禮
變法，競以厚葬為尚，以致「死者不知，生者不得」，重以豐儀入葬，引人盜取，實
無異於暴骸中野，於往者何益？此外，與時流轉，千年之後，棺椁敗壞，屍首腐朽，
終亦歸於塵土，實無須厚葬，是以楊氏主以贏葬，欲矯時敝於萬一。另，東漢趙咨
〈遺書敕子胤〉曾言：

　　棺椁之造，自黃帝始。爰自陶唐，逮於虞、夏，猶尚簡樸，或瓦或木，及
　　至殷人而有加焉。周室因之，制兼二代。復重以牆翣之飾，表以旌銘之儀，
　　招復含斂之禮，殯葬宅兆之期，棺椁周重之制，衣衾稱襲之數，其事煩而
　　害實，品物碎而難備。然而秩爵異級，貴賤殊等。自成、康以下，其典稍
　　乖。至於戰國，漸至穨陵，法度衰毀，上下僭雜。……是以華夏之士，爭
　　相陵尚，違禮之本，事禮之末，務禮之華，棄禮之實，單家竭財，以相營
　　赴。廢事生而營終亡，替所養而為厚葬，豈云聖人制禮之意乎？記曰：「喪
　　雖有禮，哀為主矣。」又曰：「喪與其易也寧戚。」今則不然，并棺合椁，
　　以為孝愷，豐貲重襚，以昭惻隱，吾所不取也。

言三代以來，喪禮猶稱簡樸，至戰國而禮法穨陵，僭禮越教，由是愈益陵尚，竭財
營赴，違禮之本，棄禮之實，而專務華末，致使人力財貨，廢於糞土窀穸，毀生人
之事，而營亡者之軀，《論語·八佾》言：「禮，與其奢也，寧儉；喪，與其易也，
寧戚」，喪以哀誠為主，不須奢易從事，孔子所言，實徒務流俗厚葬者所應深誡者。

今觀光武帝之〈薄葬詔〉或可知此代喪葬觀念之轉向〔註37〕：

> 世以厚葬爲德，薄終爲鄙，至於富者奢僭，貧者殫財，法令不能禁。禮義不能止，倉卒乃知其咎，其布告天下，令知忠臣孝子、慈兄悌弟，薄葬送終之義。

由是，東漢以降，遺令遂多主儉葬，如馬融、梁商、樊宏、祭肜、袁閎、張霸、崔瑗、李固、朱寵、張奐、范冉、張逸等均是其例。至魏晉南北朝，此說亦多見於各遺誡，如魏之武帝、文帝、文德郭后、中山王、韓暨、裴潛、沐並、王觀、郝昭；蜀之諸葛亮、向朗；吳之諸葛瑾、李衡；西晉之安平獻王、王祥、石苞、庾峻、杜預、夏侯湛、皇甫謐；東晉之郭翻、杜夷；十六國之明岌、慕容垂、張軌、張茂、禿髮利鹿孤；宋之王微、謝瞻、垣襲祖；齊之豫章王、王秀之、張融、崔慰祖；梁之元帝、沈麟士、顧憲之、陶弘景、袁昂；陳之周弘直、袁泌、謝貞、姚察；北魏之崔岊、崔光韶、崔光、源賀、程駿、崔孝直、裴植、魏子建、李彥、雷紹、宋隱；北齊之顏之推〔註38〕，皆告誡子孫薄葬節用，不應浩繁，以下茲舉數篇文字以對：

其一，魏沐並〈豫作終制誡子儉葬〉：

> 夫禮者，生民之始教，而百世之中庸也。故力行者則爲君子，不務者終爲小人，然非聖人莫能履其從容也。是以富貴者有驕奢之過，而貧賤者識於固陋，於是養生送死，苟竊非禮。由斯觀之，陽虎璵璠，甚於暴骨，桓魋石槨，不如速朽。……昔莊周闊達，無所適莫；又楊王孫裸體，貴不久容耳。……今年過耳順，奄忽無常，苟得獲沒，即以吾身襲於王孫矣。上冀以贖市朝之遺罪，下以親道化之靈祖。顧爾幼昏，未知臧否，若將逐俗，抑廢吾志，私稱從令，未必爲孝；而犯魏顆聽治之賢，爾爲棄父之命，誰或矜之！使死而有知，吾將屍視。

沐氏爲人公果，有志介，年六十餘，自慮生時無常，乃豫作終制，誡子儉葬〔註39〕，以爲守禮力行，乃爲君子，是以喪葬之事亦應遵聖人之法，否則驕奢僭越則不如裸葬從簡，陽虎暴骨、桓魋速朽，堪可爲誡，文末言及「爾爲棄父之命，誰或矜之！使死而有知，吾將屍視」，知其告誡之深矣。

其二，西晉皇甫謐〈篤終〉：

> 夫葬者，藏也；藏也者，欲人之不得見也。而大爲棺槨，備贈存物，無異於埋金路隅而書表於上也。雖甚愚之人，必將笑之。豐財厚葬以啓姦心，

〔註37〕 見《後漢書・光武紀》。

〔註38〕 參見附錄一。

〔註39〕 見《三國志・魏志・沐並傳》。

或剖破棺槨，或牽曳形骸，或剝臂捋金環，或捫腸求珠玉。焚如之形，不痛於是？自古及今，未有不死之人，又無不發之墓也。故張釋之曰：「使其中有欲，雖固南山猶有隙；使其中無欲，雖無石槨，又何戚焉！」斯言達矣，吾之師也。夫贈終加厚，非厚死也，生者自為也。遂生意於無益，棄死者之所屬，知者所不行也。《易》稱「古之葬者，衣之以薪，葬之中野，不封不樹」。是以死得歸真，亡不損生。

皇甫氏沉靜履素，守學好古，與流俗異趣〔註40〕，作〈篤終〉之文以為人之死者，精歇形散，與天地合形，是故主以露形入阬，不設棺槨，不加纏斂，若如世風之豐財厚葬，往往剖破棺槨、牽曳形骸，以致剝臂捫腸，正得安葬？

其三，梁顧憲之〈終制〉：

莊周、澹臺，達生者也；王孫、士安，矯俗者也。吾進不及達，退無所矯。常謂中都之制，允理愜情。衣周於身，示不違禮；棺周於衣，足以蔽臭。入棺之物，一無所須。載以輀車，覆以粗布，為使人勿惡也。漢明帝天子之尊，猶祭以杅水脯糗；范史雲烈士之高，亦奠以寒水乾飯。況吾卑庸之人，其可不節衷也？喪易寧戚，自是親親之情；禮奢寧儉，差可得由吾意。

顧氏出身士族，雖累經宰郡，而室無資財〔註41〕，年七十四卒，臨終為制敕子以儉，以為喪易寧戚，禮奢寧儉，本貴誠敬，但使死者安而順意，生者哀而有憑即可，是以推崇莊周、澹臺為通達生死之人，而楊王孫、皇甫謐為矯勵世俗之人，蓋四者均力主薄葬，足為後世取法。

其四，北齊顏之推《顏氏家訓·終制》：

今年老疾侵，儻然奄忽，豈求備禮乎？一日放臂，沐浴而已，不勞復魄，殮以常衣。先夫人棄背之時，屬世荒饉，家塗空迫，兄弟幼弱，棺器率薄，藏內無塼。吾當松棺二寸，衣帽已外，一不得自隨，床上唯施七星板；至如蠟弩牙、玉豚、錫人之屬，並須停省，糧甖明器，故不得營，碑誌旒旐，彌在言外。載以鱉甲車，襯土而下，平地無墳；若懼拜掃不知兆域，當築一堵低牆於左右前後，隨為私記耳。靈筵勿設枕几，朔望祥禫，唯下白粥清水乾棗，不得有酒肉餅果之祭。親友來餽酹者，一皆拒之。汝曹若違吾心，有加先妣，則陷父不孝，在汝安乎？

顏氏依孝道禮法訓示子孫以節葬用事，主以薄棺入土，斂以常衣，不須陪葬物資，靈筵設祭，止於白粥、清水、乾棗，並謝絕親友之唁，可謂叮嚀之切也。

〔註40〕　見《晉書·皇甫謐傳》。
〔註41〕　見《梁書·顧憲之傳》。

　　綜觀此一時代節葬風氣之所以盛行，約可由下述三方面探討之：

（一）就政治條件言

　　此代戰禍頻仍、民間苦疾，史載「百里無煙，城邑空虛，士歎於外，婦怨乎室，加之以師旅，因之以饑饉」〔註42〕，其人維生保命尚恐不暇，遑論厚葬送死。此外，各代君主亦因於篡亂相乘、政局動盪，多用心於保全國祚，無力興造陵寢，遂進而提倡儉葬，上之所導，下遂風靡。其中曹操、曹丕尤為當世之先啟者，操之〈遺令〉言：

> 吾夜半覺小不佳，至明日飲粥汗出，服當歸湯。吾在軍中持法是也，至於小忿怒，大過失，不當效也。天下尚未安定，未得遵古也。吾有頭病，自先著幘。吾死之後，持大服如存時，勿遺。百官當臨殿中者，十五舉音，葬畢便除服；其將兵屯戍者，皆不得離屯部；有司各率乃職。斂以時服，葬於鄴之西岡上，與西門豹祠相近，無藏金玉珍寶。

以為「天下尚未安定，未得遵古法」，力主喪葬從儉，斂以時服，無須金玉珍寶。另，丕之〈終制〉亦言：

> 夫葬也者，藏也，欲人之不得見也。骨無痛癢之知，冢非棲神之宅，禮不墓祭，欲存亡之不黷也，為棺槨足以朽骨，衣衾足以朽肉而已。故吾營此丘墟不食之地，欲使易代之後不知其處。無施葦炭，無藏金銀銅鐵，一以瓦器，合古塗車、芻靈之義。棺但漆際會三過，飯含無以珠玉，無施珠襦玉匣，諸愚俗所為也。……自古及今，未有不亡之國，亦無不掘之墓也。喪亂以來，漢氏諸陵無不發掘，至乃燒取玉匣金縷，骸骨并盡，是焚如之刑，豈不重痛哉！禍由乎厚葬封樹。……若違今詔，妄有所變改造施，吾為戮尸地下，戮而重戮，死而重死。臣子為蔑死君父，不忠不孝，使死者有知，將不福汝。

曹丕此文亦力主薄葬，指陳厚葬之害，然文末之措辭趨於強烈，所謂「若違今詔，妄有所變改造施，吾為戮尸地下，戮而重戮，死而重死。臣子為蔑死君父，不忠不孝，使死者有知，將不福汝」，告誡臣下子孫恪遵其言，不得違逆，其所耿耿在意者，乃在敦勵儉葬之風氣耳。

（二）就經濟條件言

　　富者兼併私蔭，貧者無所立錐，以致貧富不均，乃為此代經濟之特色。後者本無能力厚葬，至於前者，則鑑於兩漢以來掘發厚葬之墓，而有所忌憚，如魏文德郭

〔註42〕見《三國志‧吳志‧朱治傳註》。

后〈止孟武厚葬其母〉曰：

> 自喪亂以來，墳墓無不發掘，皆由厚葬也。

是知貧者無以爲生，乃以挖墳掘墓爲救急之方，而富者雖財可敵國，則因時勢所趨，亦不得不節葬，茲舉夏侯湛爲例，史載〔註43〕：

> 湛族爲盛門，性頗豪侈，侯服玉食，窮滋極珍。及將沒，遺命小棺薄斂，
> 不修封樹。論者謂湛雖生不砥礪名節，死則儉約令終，是深達存亡之理。

夏侯氏出身豪門，生前錦衣玉食，奢靡無度，而臨終則告子孫以儉約從事，實有識於當時社會風氣之故也。

（三）就社會條件言

　　此代不拘禮教，思想開放，重以老莊盛行，於道家達生薄葬之說，較易接受，如梁顧憲之稱許莊子爲通達生死之人，即是其例，蓋《莊子·列禦寇》述及：

> 莊子將死，弟子欲厚葬之。莊子曰：「吾以天地爲棺槨，以日月爲連璧，
> 星辰爲珠璣，萬物爲齎送。吾葬具豈不備邪？何以加此！」弟子曰：「吾
> 恐烏鳶之食夫子也。」莊子曰：「在上爲烏鳶食，在下爲螻蟻食，奪彼於
> 此，何其偏也。」

今觀沐並〈豫作終制誡子儉葬〉所載：

> 若能原始要終，以天地爲一區，萬物爲芻狗，該覽玄通，求形景之宗，同
> 禍福之素，一死生之命，吾有慕於道矣。夫道之爲物，惟恍惟忽，壽爲欺
> 魄，夭爲尨沒，身淪有無，與神消息，含悅陰陽，甘夢太極。奚以棺槨爲
> 牢，衣裳爲纏？屍繫地下，長幽桎梏，豈不哀哉！昔莊周闊達，無所適莫：
> 又楊王孫裸體，貴不久容耳。

莊子以爲人生於道，與天地萬物並生，而終歸於渾然，實無必要厚葬，而沐並所言「原始要終」及「無所適莫」之理，即爲道家精神之發揮也。

　　綜上所述，魏晉南北朝因時代之動亂，無論政治、經濟、社會等各方條件均利於儉葬觀念之推行，而家族長輩爲樹立典範亦多教示子弟以守禮儉約，是以其人之遺令、遺誡多主節葬之說也。

〔註43〕見《晉書·夏侯湛傳》。

第五章　魏晉南北朝家訓之時代精神

東漢以來，世家大族多以門戶相尚，至魏晉南北朝則尤爲講究門第，因政治與經濟之特權〔註1〕，士族門閥擁有貴族性之社會地位，貴賤等級分明而森嚴〔註2〕，《宋書‧恩倖傳》提及：

> 魏晉以來，以貴役賤，士庶之科，較然有辨。

《宋書‧王弘傳》言：

> 士庶之際，實自天隔。

《南史‧王球傳》亦載：

> 士庶區別，國之章也。

《魏書‧公孫表傳》則言：

> 吉凶會集，便有庶士之異。

當世人視士庶等級差別爲天經地義之事，不容置疑，是故撰作譜牒以辨貴賤、用保門戶，爲當世盛行之風，所謂「世重高門，人輕寒族，競以姓望所出，邑里相矜」〔註3〕，《新唐書‧柳沖傳》載：

> 於時有司選舉，必稽譜籍，而考其眞僞，……故善言譜者，繫之地望而不
> 惑，質之姓氏而無疑，綴之婚姻而有別。

譜牒之重要可見一般，當時名家輩出，如賈弼《姓氏簿狀》；傅昭《百家譜》；賈執《百家譜》、《姓氏英賢譜》；王僧孺《百家譜》、《百家譜集鈔》；王儉《百家集譜》、元暉業《後魏辯宗錄》等〔註4〕，均爲門閥畫分等級之資據，以下分就流品、婚姻

〔註1〕詳見第二章第一節。
〔註2〕見朱大渭〈魏晉南北朝階級結構試析〉稱此爲「特殊的貴族地位」，《魏晉南北朝史研究》，頁29。另，何茲全《中國古代社會》謂此爲「貴賤分明」，頁531。
〔註3〕見劉知幾《史通‧邑里》。
〔註4〕見《新唐書‧柳沖傳》及《隋書‧經籍志》。

二項說明之：

一、就流品而言

士族矜持門第，區別流品，不與寒門相往，爲當時社會之普遍現象，今舉史冊例證以對，《晉書·張華傳》載：

> 華名重一世，眾所推服，晉史及儀禮憲章並屬於華，多所損益，當時詔誥皆所草定，聲譽益盛，台輔之望焉。而荀勖自以大族，恃帝恩深，憎疾之，每伺間隙，欲出華外鎮。

張華才情過人，亦爲當世所重，身居要位，然其出身低微，故荀勖深以爲疾，伺機欲出之。《宋書·張邵傳》言：

> 中書舍人狄當、周赳並管要務，以敷同省名家，欲詣之。赳曰：「彼恐不相容接，不如勿往。」當曰：「吾等並已員外郎矣，何憂不得共坐。」敷先設二床，去壁三四尺，二客就席，敷呼左右曰：「移我遠客！」赳等失色而去。其自標遇如此。善持音儀，盡詳緩之致，與人別，執手曰：「念相聞。」餘響久之不絕。張氏後進皆慕之，其源起自敷也。

狄當、周赳二人自以身居高職，主掌要務，而欲交納士族張敷，卻爲張氏所辱，不與之座，爲門閥輕慢寒門之例，然張氏後進皆以敷爲高尚而相與效慕，其區異士庶之心態實可推知。《魏書·張普惠傳》亦曰：

> 及任城王澄薨，普惠以吏民之義，又荷其恩待，朔望奔赴，至於禫除，雖寒暑風雨，無不必至。初澄嘉賞普惠，臨薨，啟爲尚書右丞。靈太后既深悼澄，覽啟從之。詔行之後，尚書諸郎以普惠地寒，不應便居管轄，相與爲約，並欲不復上省，紛紜多日乃息。

由張普惠難得晉陞之例，可知門閥中人自恃自矜，不屑與寒地相交，即貴爲王室亦無可改變其既定之觀念。

二、就婚姻而言

士族門閥之婚媾，講究門當戶對，不與寒門苟婚，如《陳書·王元規傳》言：

> 元規八歲而孤，兄弟三人，隨母依舅氏往臨海郡，時年十二。郡土豪劉瑱者，資財巨萬，以女妻之。元規母以其兄弟幼弱，欲結彊援，元規泣請曰：「姻不失親，古人所重。豈得苟安異壞，輒婚非類！」母感其言而止。

王氏矜尚門戶，雖貧窮無依亦不願屈身娶寒門之女，蓋當世嚴別士庶，婚姻大事亦爲家世之表徵，是以特重之耳，若有違情則爲人所訕病，如東海王源嫁女於富陽滿

氏，沈約乃上書彈劾──「王滿聯姻，實駭物聽」〔註5〕。又如魏文德郭后〈敕外親劉斐〉言之：

> 諸親戚嫁娶，自當與鄉里門戶匹敵者，不得因勢，彊與他方人婚也。

「門戶匹敵」雖出自帝后之語，實可視爲一般士族之婚媾觀矣。至於寒門若能攀附門閥，則無異登天之賞，《南史・胡諧之》載：

> 建元二年，爲給事中、驍騎將軍。上方欲獎以貴族盛姻，以諧之家人語侯音不正，乃遣宮內四五人往諧之家教子女語。二年後，帝問曰：「卿家人語音已正未？」諧之答曰：「宮人少，臣家人多，非唯不能得正音，遂使宮人頓成侯語。」帝大笑，徧向朝臣説之。

《北史・陳元康傳》亦提及：

> 左衞將軍郭瓊以罪死，子婦范陽盧道虔女也，沒官。神武啓以賜元康爲妻。
> 元康地寒，時以爲殊賞。元康遂棄故妻李氏，識者非之。

前者所述，或具趣味性，令人莞薾；若後者爲登枝頭而拋棄糟糠妻子，實有失人情之常。甚者，帝王且下詔禁止士庶通婚，如北魏之文成帝與孝文帝二者之所爲〔註6〕，則是以法律明令士庶之別，誠可謂「門戶殄瘁」〔註7〕。

綜上所述，講究士族門第，矜持家族門風，實爲魏晉南北朝社會之特有現象，今探索其家訓之時代精神，自可由此尋繹釐析以明究竟，茲分四節討論如後：

第一節　推尊門戶，讚頌祖德

士族門閥之可貴，已如前述，是以教誡子弟之文亦不免論述自我家門之崇高，如西晉夏侯湛〈昆弟誥〉載：

> 淳等拜手稽首，湛亦拜手稽首。乃歌曰：「明德復哉，家道休哉，世祚悠

〔註5〕見《昭明文選》卷四十。
〔註6〕《魏書・文成帝紀》載：
壬寅，詔曰：「夫婚姻者，人道之始。是以夫婦之義，三綱之首，禮之重者，莫過於斯。尊卑高下，宜令區別。然中代以來，貴族之門多不率法，或貪利財賄，或因緣私好，在於苟合，無所選擇，令貴賤不分，巨細同貫，塵穢清化，虧損人倫，將何以宣示典謨，垂之來裔。今制皇族、師傅、王公侯伯及士民之家，不得與百工、伎巧、卑姓爲婚，犯者加罪。
《魏書・孝文帝紀》載：
詔曰：「……又皇族貴戚及士民之家，不惟氏族，下與非類婚偶。先帝親發明詔，爲之科禁，而百姓習常，仍不肅改。朕今憲章舊典，祇案先制，著之律令，永爲定準。犯者以違制論。」
〔註7〕見《世說新語・賢媛》，李絡秀之語。

哉，百祿周哉！」又作歌曰：「訊德恭哉，訓冀從哉，內外康哉！」皆拜

曰：「欽哉！」

夏侯氏爲和睦手足之情而作〈昆弟誥〉，經一番舒暢心懷、互通意念，乃歌其家道之
休福與世祚之悠久，深以崇厚之門戶爲重。又如梁王筠〈與諸兒書論家世集〉言及：

> 史傳稱安平崔氏及汝南應氏，並累世有文才，所以范蔚宗云崔氏「世擅雕
> 龍」。然不過父子兩三世耳，非有七葉之中，名德重光，爵位相繼，人人
> 有集，如吾門世者也。沈少傳約語人云：「吾少好百家之言，身爲四代之
> 史，自開闢以來，未有爵位蟬聯，文才相繼，如王氏之盛者也。」

安平崔氏與汝南應氏雖有文才子，弟然僅傳二、三代，終憾後繼無人，不若王氏一
門傳家七代，位高德重、官爵相承，且文采翩翩，人各有集，深爲世人所重。王氏
之文實透露此代門第中人，推崇自我家世之一般心境。再舉北齊顏之推《顏氏家訓·
誡兵》爲例：

> 顏氏之先，本乎鄒、魯，或分入齊，世以儒雅爲業，遍在書記。……秦、
> 漢、魏、晉，下逮齊、梁，未有用兵以取達者。……頃世亂離，衣冠之士，
> 雖無身手，或聚徒眾，違棄素業，徼倖戰功。吾既贏薄，仰惟前代，故寘
> 心於此，子孫誌之。孔子力翹門關，不以力聞，此聖證也。

顏氏世擅《周官》、《左氏》，早傳家業，博覽群書，無不該洽〔註8〕。自其先祖以降，
皆素儒博雅，如顏無繇、顏淵、顏幸、顏高、顏祖、顏之僕、顏噲、顏何等，位於
孔門七十子之列〔註9〕，是以其人景仰惟慕前人風範，實茲文術，心繫門戶之儒雅，
進而告誡子弟不得習武以壞家風，之推所以自表異於寒門之處，誠於文中展露無遺。

門戶所以崇高，在乎化代有可貴之人，往前追溯則爲自家之先人，是故推尊門
戶之互動表現，則爲讚頌祖德，之推自得於「仲尼門徒，升堂者七十有二，顏氏居
八人」〔註10〕，實流露稱美讚頌之情。今觀此代讚頌祖德之作品甚多如：曹植〈懷
親賦〉、王粲〈思親詩〉、阮瑀〈駕北郭門行〉、嵇康〈思親詩〉、陸機〈祖德賦〉、〈述
先賦〉、〈思親賦〉、陸雲〈祖考頌〉、庾峻〈祖德頌〉、潘岳〈家風詩〉、謝靈運〈述
祖德詩〉、沈麟士〈沈氏述祖德碑〉等，皆是其證。此一風氣亦表現於家訓作品，如
梁徐勉「仰藉先代風範及以福慶」〔註11〕，即是其例。而其中較著名者則爲西晉夏
侯湛〈昆弟誥〉與東晉陶潛〈命子詩〉，前者之文曰：

〔註8〕見《北齊書·顏之推傳》。
〔註9〕見《史記·仲尼弟子列傳》。
〔註10〕見《顏氏家訓·誡兵》。
〔註11〕見〈誡子崧書〉。

湛若曰：嗚呼！惟我皇乃祖滕公，肇釐厥德厥功，以左右漢祖，弘濟於嗣君，用垂祚於後。世世增敷前軌，濟其好行美德。明允相繼，冠免胥及。以逮於皇曾祖愍侯，寅亮魏祖，用康乂厥世，遂啓土宇，以大綜厥勳於家。我皇祖穆侯，崇厥基以允釐顯志，用恢闡我令業。維我后府君侯，祗服哲命，欽明文思，以熙柔我家道，丕隆我先緒。……我惟烝烝是虔，罔不克承厥誨，用增茂我敦篤，以播休美於一世，厥乃可不遵。惟我用凤匪懈，日鑽其道，而仰之彌高，鑽之彌堅，我用欲罷不敢。豈唯予躬是懼，實令跡是奉。厥乃晝分而食，夜分而寢。豈唯令跡是畏，實爾猶是儀。嗚呼，予其敬哉！……古之人厥乃千里承師，矧我惟父惟母世德之餘烈，服膺之弗可及，景仰之弗可階。汝其念哉！俾群弟天祚於我家，俾爾咸休明是履。

夏侯氏述其先祖滕公佐助漢室，功德厥偉，其後各代亦多能踵繼前人勳業，冠爵相及，行好德美，如其曾祖愍侯即匡輔魏室，建功立勳；其祖穆侯任魏兗州刺史[註12]，頗有顯志令業；其父其母亦有世德餘烈。可知夏侯代有賢人，光大德休，傳及其人昆仲，乃敦篤誠慎，思承繼隆緒，熙柔家道。至於陶氏之詩約可分為十段落，其云：

悠悠我祖，爰自陶唐。邈爲虞賓，歷世重光。（其一）

御龍勤夏，豕韋翼商。穆穆司徒，厥族以昌。

紛紜戰國，漠漠衰周。鳳隱於林，幽人在丘。（其二）

逸虬撓雲，奔鯨駭流。天集有漢，眷予愍侯。

於赫愍侯，運當攀龍。撫劍夙邁，顯茲武功。（其三）

參誓山河，啓土開封。亹亹丞相，允迪前蹤。

渾渾長源，鬱鬱洪柯。群川載導，眾條載羅。（其四）

時有語默，運固隆汙。在我中晉，業融長沙。

桓桓長沙，伊勳伊德。天子疇我，專征南國。（其五）

功遂辭歸，臨寵不惑。孰謂斯心，而近可得。

肅矣我祖，慎終如始。直方二臺，惠和千里。（其六）

於皇仁考，淡焉虛止。寄跡凤運，冥茲慍喜。

嗟余寡陋，瞻望靡及。顧慚華鬢，負景隻立。（其七）

三千之罪，無後爲急。我誠念哉，呱聞爾泣。

卜云嘉日，占爾良時。名汝曰儼，字汝求思。（其八）

溫恭朝夕，念茲在茲。尚想孔伋，庶其企而。

〔註12〕見《晉書·夏侯湛傳》。

厲夜生子，遽而求火。凡百有心，奚特於我。（其九）

既見其生，實欲其可。人亦有言，斯情無假。

日居月諸，漸免於孩。福不虛至，禍亦易來。（其十）

夙興夜寐，願爾斯才。爾之不才，亦已焉哉。

茲據其詩所述，列陶氏世系簡表如后〔註13〕：

（帝堯）　　　　（夏）　　　　（商）　　　（以下漢代）

陶唐氏———御龍氏———豕韋———愍侯陶舍———丞相陶青

（以下東晉）

———大將軍陶侃（曾祖）———陶茂（祖）———陶逸（父）———陶潛

———儼、俟、份、佚、佟

淵明詳述其先人德業，隆盛斐然（其一至其六），始於唐堯逮及東晉，延綿不絕，並自歎一己之衰頹（其七），懼家道隕墜、後繼乏人，乃誠訓其子紹承先祖，溫恭黽勉，以維世祚，饒有自尊自勉，自負門第之興味。

第二節　注重教子，肯定母教

門第之傳襲除有德業宏偉之先祖外，亦要有佳賢子弟承繼其事，而欲子弟之佳賢則當施以教誠，《世說新語·言語》載：

> 謝太傅問諸子姪：「子弟亦何預人事，而正欲使其佳？」諸人莫有言者，
> 車騎答曰：「譬之芝蘭玉樹，欲使其生於階庭耳。」

佳子弟之於士族門閥，宛如崇階華庭之有芝蘭玉樹，足以兩相襯益，各顯其美，倘若無賢良後代，門第何得傳承永昌？是以其人為恢宏家族，振興門庭，無不重視子弟之教養，又如《世說新語·德行》載：

> 陳太丘詣荀朗陵，貧賤無僕役，乃使元方駕車，季方持杖後從，長文尚小，載著車中。既至，荀使叔慈應門，慈明行酒，餘六龍下食，文若亦小，坐著膝前。於是太史奏真人東行。

陳寔、荀淑二人聚會便飯，兩家子弟隨侍於側，其事甚為簡易，並無過人之處，自不須特別標立，獨袓其事，今所以然者，則在陳、荀二家均有賢良子弟以持守家門，為世人所欽佩仰慕。同篇又載：

> 華歆遇子弟甚整，雖閒室之內，嚴若朝典。陳元方兄弟恣柔愛之道，而二

〔註13〕本表之製作亦參見陳怡良《陶淵明之人品與詩品》，頁 70。另，逯欽立〈關於陶淵明〉，《陶淵明集·附錄》頁 208，即以陶氏〈命子詩〉為素材，析其門第觀念。

門之裡，兩不失雍熙之軌焉。

陳氏一門賢德，當能有柔愛雍熙之家道，至於華歆之爲人操守，實無足道者〔註14〕，猶能留心於治家教子，亦見其被靡世風之深矣，此所以梟雄一世之曹操能有〈誡子彰〉、〈誡子植〉、〈內誡〉等作，而世許以「不以人廢言」〔註15〕；曹丕篡掠漢祚、煎迫陳思，亦有〈誡子〉、〈內誡〉之作。茲再舉何曾爲例，《晉書》本傳載其人：

> 性至孝，閨門整肅，自少及長，無聲樂嬖幸之好。年老之後，與妻相見，皆正衣冠，相待如賓。己向南，再拜上酒，酬酢既畢便出。……然性豪奢，務在華侈。帷帳車服，窮極綺麗，廚膳滋味，過於王者。……日食萬錢，猶曰：無下箸處。

何氏生活奢靡，錦衣玉食，爲當世所譏，然處室拘禮、治家嚴整，亦爲史家所稱。由此而言，當代之人無論品流高下，性情嚴寬，多以教子治家爲要務，其人之志行或不顯跡於當世，仍盼有賢良後代，以保家全族，如史載阮籍遭逢母喪而飲酒食肉、嫂還家而與之告別、飲醺醉而側臥鄰婦〔註16〕，其人傲然獨得，任性不羈，然子弟效其行徑，則弗許而誡〔註17〕。其人心胸追尋曠達，行徑力求解脫，然在門第相尙之世風下，終不免企望子弟之佳賢也。由此，則知陶潛雖「穎脫不羈，任眞自得」〔註18〕，有〈命子〉、〈責子〉、〈與子儼等疏〉以訓示子弟，而魏收「性褊，不能達命體道」〔註19〕，有〈枕中篇〉以申誡子侄。推而論之，此代教子篇章之眾多，實其來有自矣。

如上所述，欲子弟之賢良則必施教，施教當早方能收其成效，先賢有胎教之說，立意即在此矣，顏之推《顏氏家訓・教子》言之：

> 上智不教而成，下愚雖教無益，中庸之人，不教不知也。古者，聖王有胎教之：懷子三月，出居別宮，目不邪視，耳不妄聽，音聲滋味，以禮節之。

〔註14〕《三國志・魏志・華歆傳註》載孫盛之語曰：夫大雅之處世也，必先審隱顯之期，以定出處之分，否則括囊以保其身，泰則行義以達其道。歆既無夷皓韜邈之風，又失王臣匡躬之操，故撓心於邪儒之說，交臂於陵肆之徒，位奪於一豎，節墮於當時。
〔註15〕見劉清之《誡子通錄一》。
〔註16〕見《世說新語・任誕》。
〔註17〕《晉書・阮籍傳》：阮籍……傲然獨得，任性不羈，而喜怒不形於色。或閉戶視書，或登臨山水，經日忘歸。博覽群籍，尤好《老》、《莊》。嗜酒能嘯，善彈琴。當其得意，忽忘形骸，時人多謂之癡。……子渾，字長成，有父風。少慕通達，不飾小節。籍謂曰：「仲容已豫吾此流，汝不得復爾！」……諸阮皆飲酒，咸至，宗人間共集，不復用杯觴斟酌，以大盆盛酒，圓坐相向，大酌更飲。時有群豕來飲其酒，咸直接去其上，便共飲之。群從昆弟莫不以放達爲行，籍弗之許。
〔註18〕見《晉書・陶潛傳》。
〔註19〕見《魏書・魏收傳》。

書之玉版，藏諸金匱。生子咳啼，師保固明孝仁禮義，導習之矣。凡庶縱
不能爾，當及嬰稚，識人顏色，知人喜怒，便加教誨，使爲則爲，使止則
止。比及數歲，可省笞罰。

〈勉學〉亦曰：

人生小幼，精神專利，長成以後，思慮散逸，固須早教，勿失良機。……

幼而學者，如日出之光，老而學者，如秉燭夜行。

婦人懷孕後，思慮言行當謹守禮法，方能使胎兒深濡良好影響。再者，幼年時期，
性情純稚，易於塑造，是以當儘早施教，不可坐失佳機，至如長大成人，思慮易於
散離，難於專心，雖有心受教，宛如秉燭夜行，勤苦難成。

幼年受教既爲世人所重，自當慎重母教於家族子弟之啓蒙，因良子出於賢母之
手，焉有母不賢淑而求子之佳良？此代門閥中人雖矜尚門戶婚姻，然遇有賢德女子
則頗有迴旋餘地，如《世說新語‧方正》載：

諸葛恢大女適太尉庾亮兒，次女適徐州刺史羊忱兒，亮子被蘇峻害，改適
江虨。恢兒取鄧攸女。於時謝尚書求其小女婚，恢乃云：「羊、鄧是世婚，
江家我顧伊，庾家伊顧我，不能復與謝裒兒婚。」及恢亡，遂婚。於時王
右軍往謝家看新婦，猶有恢之遺法，威儀端詳，容服光整。王歎曰：「我
在遣女裁得爾耳！」

諸葛氏不願攀附高門，是以拒婚謝家，然其家法嚴整，爲世所稱，謝裒所欲爲兒婚
媾者，端在其女之威儀端詳，容服光整，必爲賢妻良母，相夫教子也。再檢〈賢媛〉
之載記：

王汝南少無婚，自求郝普女。司空以其癡，會無婚處，任其意，便許之。
既婚，果有令姿淑德。生東海，遂爲王氏母儀。或問汝南：「何以知之？」
曰：「嘗見井上取水，舉動容止不失常，未嘗忤觀，以此知之。」

王湛因郝女井上汲水容止端莊，合於禮度，知其必賢慧，故求聯姻。就當世而言，
王、郝二氏，流品懸殊，難以匹偶，今所以爲此耳，端在郝女令姿淑德之母儀也。〈賢
媛〉又載：

王司徒婦，鍾氏女，太傅曾孫，亦有俊才女德。鍾、郝爲娣姒，雅相親重。
鍾不以貴陵郝，郝亦不以賤下鍾。東海家內，則郝夫人之法；京陵家內，
範鍾夫人之禮。

鍾、郝娣姒，出身不同，然雅相親重，各行母教禮法，并然有序，著稱於世。另，
西晉夏侯湛〈昆弟誥〉言之：

予聞之，周之有至德，有婦人焉。我母氏羊姬，宣慈愷悌，明粹篤誠，以

撫訓群子。厥乃我齔齒，則受學教於書學，不遑惟寧。敦《詩》、《書》禮樂，孳孳弗倦。我有識惟與汝服厥誨，惟仁義惟孝友是尚，憂深思遠，祗以防於微。翳義形於色，厚愛平恕，以濟其寬裕。用緝和我七子，訓諧我五妹。惟我兄弟姊妹束修慎行，用不辱於冠帶，實母氏是憑。予其爲政叢爾，惟母氏仁之不行是戚，予其望色思寬。獄之不情，教之不泰是訓，予其納誠思詳。嗚呼！惟母氏信著於不言，行感於神明。

湛以爲周因太姜、太任、太姒三母克明婦道，敦勵子孫，乃有盛德隆功之基。今其兄弟姊妹能修德慎行，不辱家門，實賴母親羊氏慈愛明粹，施以聖人之學，教以仁義孝友，方得成人，是以感念母恩、推崇母教也。北齊顏之推《顏氏家訓・教子》載王僧辯母魏夫人教子之事曰：

> 王大司馬母魏夫人，性甚嚴正。王在湓城時，爲三千人將，年逾四十，少不如意，猶捶撻之，故能成其勳業。

魏夫人性甚安和，善於綏接，且恆自謙損，不以富貴驕人，是以家門內外，莫不懷之；朝野上下，咸共稱之，以爲明哲婦人〔註20〕。王氏養教其手，雖年逾四十，仍嚴正不苟、深相責勵，故能有豐隆勳業耳。

　　總之，母教於家庭有其深鉅之影響，尤以童蒙教育爲然，如宗炳母師氏教諸子「爲鄉閭所稱」；謝貞母王氏授貞《論語》、《孝經》；垣文凝母鄭氏，親教禮經、訓以義方，爲州里所美；房景先母授子《毛詩》、《曲禮》；裴植母夏侯氏，勤以教子，督以嚴訓；魏緝母房氏，善誘嚴訓其子；裴讓之母辛氏，親教其子外，亦廣延師友，督勵子弟〔註21〕。以上諸母有聰辯明識而教子者，有剛峻嚴督以教子者，有母代父職以教子者，有廣延師友以教子者，均斐然成效，深受肯定。蓋有良母方有良子，有良子方能振興家門，而此代所以重視女教亦可由此探知也〔註22〕。

第三節　品評人物，效慕賢德

　　東漢末造，外戚、宦官干涉國政，親其黨類、用其私人，以致賢愚顛倒、朝綱大壞，由是循名責實之聲乃起，冀能針砭時弊、撥亂返正，形成莫大之輿論力量，《後漢書・黨錮傳》云及：

> 逮桓、靈之間，主政荒謬，國命委於閹寺，士子羞與爲伍，故匹夫抗憤，

〔註20〕見《魏書・王僧辯傳》。
〔註21〕事跡各見《宋書・宗炳傳》、《陳書・謝貞傳》、《南史・垣護之傳》、《魏書・房景先傳》、〈裴植傳〉、〈列女傳〉、《北齊書・裴讓之傳》。
〔註22〕見第二章第二節。

處士橫議，遂乃激揚名聲，互相題拂，品覈公卿，裁量執政，婞直之風，
於斯行矣。

士大夫之清流與宦官之濁流，可謂畛域分明，時有所謂「三君」——竇武、劉淑、
陳蕃；「八俊」——李膺、荀翌、杜密、王暢、劉祐、魏朗、趙典、朱寓；「八顧」
——郭林宗、宗慈、巴肅、夏馥、范滂、尹勳、蔡衍、羊陟；「八及」——張儉、岑
晊、劉表、陳翔、孔昱、苑康、檀敷、翟超；「八廚」——度尚、張邈、王考、劉儒、
胡母班、秦周、蕃嚮、王章〔註23〕等，多出身名門望族，均重道德名節與精神風範，
深為世人所崇仰，而《後漢書・許劭傳》曰：

許劭字子將，……少峻名節，好人倫，多所賞識。……劭與靖俱有高名，
好共覈論鄉黨人物，每月輒更其品題，故汝南俗有「月旦評」焉。

許氏與其從兄靖均善於臧否人倫，而以「月旦評」享有世譽，足見品評人物、識鑒
人才之盛行。尤其曹魏以來，施行九品官人之法，用以區別人物、等第高下，人倫
品鑒愈見重要，此劉劭《人物志》之所以問世，而《世說新語》之所以有〈識鑒〉、
〈賞譽〉、〈品藻〉之篇章也。風尚所及，此代家長撰文訓子，亦嘗品論人物以教子
弟，如魏王昶〈家誡〉載及：

潁川郭伯益，好尚通達，敏而有知。其為人弘曠不足，輕貴有餘，得其人
重之如山，不得其人忽之如草，吾以所知親之昵之，不願兒子為之。北海
徐偉長，不治名高，不求苟得，澹然自守，惟道是務。其有所是非，則託
古人以見其意，當時無所褒貶。吾敬之重之，願兒子師之。東平劉公幹，
博學有高才，誠節有大意，然性行不均，少所拘忌，得失足以相補，吾愛
之重之，不願兒子慕之。樂安任昭先，淳粹履道，內敏外恕，推遜恭讓，
處不避洿，怯而義勇，在朝忘身，吾友之善之，願兒子遵之。若引而伸之，
觸類而長之，汝其庶幾舉一隅耳。

王氏以為郭奕器識略狹，好惡形於色，而劉楨性行不均，不知有所忌，二者雖有通
達敏知之才與博學誠節之行，終難保身全行，不足取式。徐幹淡泊自守、不務虛名，
而任嘏敏恕兼備、謙恭遜讓，二人渾樸淳粹，履道適性，均可取法。今觀其品評稱
許之人物，大要亦不離其謙實謹慎之個性〔註24〕。另，魏杜恕〈家誡〉言：

〔註23〕據《後漢書・黨錮傳》：君者，言一世之所宗也。
　　　　俊者，言人之英也。
　　　　顧者，言能以德行引人者也。
　　　　及者，言其能導人追宗者也。
　　　　廚者，言能以財救人者也。
〔註24〕見《魏書・王昶傳》。

張子臺，視之似鄙樸人，然心中不知天地間何者爲美，何者爲好，敦然似如與陰陽合德者。作人如，自可無富貴，然而禍患當從何而來？世有高亮如子臺者，皆多力慕，體之不如也。

杜氏勉子效法張子臺之鄙樸渾博，無所待求，是以不爲外物羈絆。茲再舉數例以對，如梁武帝〈敕晉安王〉、〈敕湘東王〉評論孔休源與到溉二人曰：

> 孔休源人倫儀表，汝年尚幼，當每事師之。

> 到溉非直爲汝行事，足爲汝師，聞有進止，每須詢訪。

孔氏少立志操，風範強正，明練治體，學窮文藝，常以天下爲己任。其性慎密而持身儉約，故當官理務，不憚強權，累居顯職，而無犯纖毫〔註25〕，爲武帝器重，乃教晉安王每事師之。至於到溉之爲人，則謹厚率儉，每以清白自修〔註26〕，武帝恩禮相待，亦教湘東王詢訪師效其人。此外，北魏孝文帝〈誡河南王幹〉則載：

> 司空穆亮，年器可師；散騎常侍盧淵，才堪詢訪，汝其師之。

穆氏早有風度，執政寬簡；盧氏敦尚學業，溫雅寡欲〔註27〕，均爲人倫之表，堪可師友。北齊神武帝〈顧命〉則曰：

> 段孝先忠亮仁厚，智勇兼備，親戚之中，惟有此子，軍旅大事宜共籌之。

段韶長於計略，善於御眾，深得將士之心，又雅性溫慎，奉繼母以篤孝，聞名於當世〔註28〕，神武益器愛之，遺命世宗尚友其人。

綜觀前文所論，王、杜二人所評許者，多具道家淡泊清靜、秉性自保之特質，此蓋世道不彰之影響耳。至於諸帝所稱者，則多爲守分盡職，堪可委以重任之臣子，正如西涼李暠〈手令誡諸子〉所言：

> 詳審人，核眞僞，遠佞諛，近忠正。

而宋文帝〈誡江夏王義恭書〉亦言：

> 親禮國士，友接佳流，識別賢愚，鑒察邪正，然後能盡君子之心，收小人之力。

其用意乃在爲子弟覓得良佐，永保國祚。無論如何，其人均盼子家族晚輩效慕賢德以求精進。《顏氏家訓‧慕賢》即曾言之：

> 古人云：「千載一聖，猶旦暮也；五百年一賢，猶比髆也。」言聖賢之難得，疏闊如此。儻遭不世明達君子，安可不攀附景仰之乎？吾生於亂世，長於

〔註25〕見《梁書‧孔休源傳》。

〔註26〕見《梁書‧到溉傳》。

〔註27〕各見《魏書》本傳。

〔註28〕見《北齊書‧段韶傳》。

戎馬，流離播越，聞見已多；所值名賢，未嘗不心醉醜迷向慕之也。……
聖賢之德業佳行足以立典垂範，移風化俗，故有醒世勉人之功，惜經千年方有一聖、
五百年才得一賢，雖然可貴實亦難得，因此若能遇及明達君子，安得不仰慕而依附？
與善人居，久而自馨；與惡人處，久而自臭，其或熏漬陶染、潛移默化；或致慮效
習、亦步亦趨，皆入人至深，不可不慎，當擇其賢德而效慕也。又曰：

> 世人多蔽，貴耳賤目，重遙輕近。少長周旋，如有賢哲，每相狎侮，不加
> 禮敬；他鄉異縣，微藉風聲，延頸企踵，甚於飢渴。校其長短，覈其精麤，
> 或彼不能如此矣！所以魯人謂孔子為東家丘。昔虞國宮之奇，少長於君，
> 君狎之，不納其諫，以至亡國，不可不留心也。

貴耳聞而賤目視、重遠方而輕近里，為世人之通病，往往狎侮近賢而企羨風聲，
是以魯人不識孔子之聖，而虞君輕宮之奇之賢也。孔子云：「三人行必有我師焉」
〔註29〕，與交接者「但優於我，便足貴之」〔註30〕，不必捨近就遠，假以外求。

由上述可知，家族長輩之品論人物，乃冀其子弟除依遵父兄、習染母教外，亦
能效慕賢德，用以敦品勵行，增益家門也。

第四節　體儒用道，明哲保身

魏晉南北朝時期儒術玄學化，老莊思想再興並且有佛學之輿入，學術不再定於
一尊，呈現多元風貌，是以家訓作品亦不免其影，如齊張融〈遺令〉言：

> 左手執《孝經》、《老子》；右手執《小品法華經》。

張氏言明殉葬之物，其中《孝經》為儒家經典，《老子》為道家經典，而《小品法華
經》則為佛家經典。又如北周王褒〈幼訓〉言：

> 儒家則尊卑等差，吉凶降殺。君南面而臣北面，天地之義也。鼎俎奇而籩
> 豆偶，陰陽之義也。道家則墮支體，黜聰明，棄義絕仁，離形去智。釋氏
> 之義，見苦斷習，證滅循道，明因辨果，偶凡成聖，斯雖為教等差，而義
> 歸汲引。吾始乎幼學，及於知命，既崇周、孔之教，兼循老、釋之談，江
> 左以來，斯業不墜，汝能修之，吾之志也。

王氏以為儒家遵循禮法，謹明尊卑等差；道家超脫凡塵，清靜以求自保；佛家明因
辨果，苦行以證其道，均可為應世之用，而成全自我，是以教其子崇孔、周之教，
兼及老、釋之言。又如梁徐勉〈誡子書〉載：

〔註29〕見《論語・述而》。
〔註30〕見《顏氏家訓・慕賢》。

此吾所餘，今以分汝，營小田舍，親累既多，理亦須此。且釋氏之教，以
財物謂之外命；儒典亦稱「何以聚人曰財」。況汝曹常情，安得忘此。

乃引儒、釋二家之語，說明其人分家之用心。至於《顏氏家訓・歸心》則曰：

內外兩教，本爲一體。漸積爲異，深淺不同。內典初門，設五種禁，外典
仁、義、禮、智、信，皆與之符。仁者，不殺之禁也；義者，不盜之禁也；
禮者，不邪之禁也；智者，不酒之禁也；信者，不妄之禁也。

認爲儒佛二教，本爲一體，但以儒學、佛理之主張有所差異，而深淺有所不同耳。
大抵儒家之仁、義、禮、信、智，可比於佛家五誡律——不殺生、不偷盜、不邪淫、
不妄語、不飲酒食肉，乃融儒、佛二家而立說者。

上述諸例，有合三教者；有合儒、道者；亦有合儒、釋者，則三教並行之學術
背景，可使此中人物於苦悶之時代尋得思想之新出路與應世之新法則。綜而言之，
當時人所採於道、釋二家之言者，旨在求處世，而遵守儒學，則重在恢宏家族門第，
蓋門第之根本源於儒術禮法。然而，因客觀環境之限制，儒學之積極意義或未得開
展，故退求其次以自保爲要，如魏王昶〈家誡〉載：

欲使汝曹立身行己，遵儒者之教，履道家之言，故以玄默沖虛爲名，欲使
汝曹顧名思義，不敢違越也。古者盤杅有銘，几杖有誡，俯仰察焉，用無
過行；況在己名，可不戒之哉！

王昶欲其子弟遵循禮法，具備儒術內涵，又教以玄默沖虛，務求免禍，其明哲保身、
顧全家族之用意，誠可視爲當世家長之一般心情，而具體表現則在教誡子弟謹言愼
行、謙遜不驕，如宋顏延之〈庭誥〉：

夫內居德本，外夷民譽，言高一世，處之逾默，器重一時，體之滋沖，不
以所能干眾，不以所長議物，淵泰入道，與天爲人者，士之上也。……流
言謗議，有道所不免，況在闒薄，難用算防。接應之方，言必出己。或信
不素積，嫌間所襲，或性不和物，尤怨所聚，有一於此，何處逃毀。苟能
反悔在我，而無責於人，必有達鑒，昭其情遠，識跡其事。日省吾躬，月
料吾志，寬默以居，潔靜以期，神道必在，何恤人言。

說明以儒家誠意正心之內聖工夫，爲自我德行修養之根本，而應世致用則須默然滋
沖，採道家謙柔退讓之態度，不爲干俗邀譽，則渾樸守眞、塊然無擾。蓋人世紛然
雜沓，各逞心知欲念，自不免於爭端，若有謗議閒隙，則反求諸己，務爲寬默潔靜，
或可避凶免禍矣。又如北齊魏收〈枕中篇〉言之：

是以爲必察其幾，舉必愼於微。知幾應微，斯亡則稀。既察且愼，福祿攸
歸。昔蘧瑗識四十九非，顏子幾三月不違。跬步無已，至於千里。覆一簣

> 進，及於萬仞。故云行遠自邇，登高自卑，可大可久，與世推移。月滿如
> 規，後夜則虧。槿榮於枝，望暮而萎。夫奚益而非損，孰有損而不害？益
> 不欲多，利不欲大。唯居德者畏其甚，體眞者懼其大。道尊則群謗集，任
> 重而眾怨會。其達也則尼父棲遑，其忠也而周公狼狽。無曰人之我狹，在
> 我不可而覆。無曰人之我厚，在我不可而咎。如山之大，無不有也；如谷
> 之虛，無不受也；能剛能柔，重可負也；能信能順，險可走也；能知能愚，
> 期可久也。

月滿則虧，枝榮則萎，乃自然之理，是以居德畏甚、體眞畏大，若能剛柔並濟、信
順兼備、知愚互用，凡事察幾愼微，由近及遠、自小推大，庶可無過而臻於福祿
矣。最末，再以「明哲保身」之典型──嵇康爲例，其人遠邁不群，與魏宗室婚，拜中
散大夫，後司馬氏篡魏，乃含垢匿瑕，自足其懷，嘗二十年未見喜慍之色〔註31〕，
可謂誠愼至極，惜猶不免爲鍾會所譖，縲絏而卒，今觀其〈家誡〉一文，教子立志
守身，多述謹言愼行之方，故可推知其人應世之法：

> 夫言語君子之機，機動物應，則是非之形著矣。故不可不愼。與於意不善
> 了，而本意欲言，則當懼有不了之失，且權忍之，後視向不言此事，無他
> 不可，則向言或有不可，然則能不言，全得其可矣。且俗人傳吉遲，傳凶
> 疾，又好議人之過闕，此常人之議也。

言出於口，必有回應，若無充分把握，則不如不言，蓋多言必失，出語難收，且夫
議人過失、傳論是非，乃人情之常，是以明達君子愼於出言也。

> 坐中言所言，自非高議。但是動靜消息，小小異同，但當高視，不足和答
> 也。非義不言，詳靜敬道，豈非寡悔之謂？人有相與變爭，未知得失所在，
> 愼勿豫之也。且默以觀之，其非行自可見。或有小是不足是，小非不足非；
> 至竟可不言以待之。就有人問者，猶當辭以不解，近論議亦然。

與人聚會交談，常爲細碎瑣事，當靜默而觀，不可妄下是非，隨意附和。見有爭端
則靜待其變，不宜有所評論，甚或預於其事。

> 若會酒坐，見人爭語，其形勢似欲轉盛，便當盃舍去之。此將鬥之兆也。
> 坐視必見曲直，儻不能不有言，有言必是在一人，其不是者方自謂爲直，
> 則謂曲我者有私於彼，便怨惡之情生矣。或便獲悖辱之言……然都大爭
> 訟者小人耳，正復有是非，共濟汙漫，雖勝可足稱哉？就不得遠，取醉
> 爲佳。

相聚飲酒易生齟齬，見人爭執有轉盛之勢，當迅速求去，無留是非之地，蓋雖知黑白曲直，然人心各自偏頗，難於持正立公，謂甲是則得罪於乙，謂乙是則怨生於甲，終將何所底定？是以不如超然遠離以省事端。若不得已，則以取醉避之，以免禍辱。

> 凡人自有公私，慎勿強知人知。彼知我知之，則有忌於我。今知而不言，則便是不知矣。若見竊語私議，便舍起，勿使忌人也。或時逼迫，強與我共說，若其言邪險，則當正色以道義正之。何者？君子不容偽薄之言故也。一旦事敗，便言某甲皆知吾事，是以宜備之深也。凡人私語，無所不有，宜預以爲意，見之而走。或偶知其私事，與同則不可，不同則彼恐事泄，思害人以滅跡也。非意所欽者，而來戲調，蚩笑人之闕者，但莫應。從小共轉至於不共；亦勿大求矜趨，以不言答之。勢不得久，行自止也。

君子不容偽薄之言，是以不窺人隱私、不道人短長。知人之私，往往見忌；議人之事，輒生是非，是以避之猶恐不及也。若其勢不可免，見有竊語私議他人之隱，譏弄調笑友人之短者，則當正言以導之，勿使陷溺而自遺其禍。

> 有壺榼之意，束修之好，此人道所通，不須逆也。過此以往，自非通穆。
> 匹帛之饋，車服之贈，當深絕之。何者？常人皆薄義而重利，今以自竭者，必有爲而作。損貨徼歡，施而求報，其俗人之所甘願，而君子之所大惡也。

饋贈收受、聯絡情誼，乃人事之理，自不可免，然君子之交淡如水，亦當留心不可過度。至如交淺情淡而有貴重饋贈者，宜拒而絕之。此以施惠求報、有爲而作，係人之常情，今有所舉必有所圖，爲免怨懟，自須慎之。

> 又慎不須離樓，強勸人酒，不飲自己；若人來勸己，輒當爲持之，勿稍逆也，見醉薰薰便止，慎不當至困醉，不能自裁也。

與人飲酒不可糾纏牽引，強人以酒，而應人勸酒亦當適中，不可困醉失制，徒留憾事。

　　嵇氏深明於時局情勢之不可爲，士人動輒得咎，而人心且各執其私，薄義而重利，是以撰文教誡子弟。〈家誡〉之文，委曲詳盡，幾於細碎，然其畏誡謹慎、務求避禍，冀其子弟慎於言行、明哲保身之用心，則隨處流露、了然可知。引而伸之，此代家族長輩殷殷叮嚀後輩子弟採老莊陰柔之方、奉時恭默以保身全家之心境，自不難想知也。

第六章　魏晉南北朝家訓之評價

　　本章將探討魏晉南北朝家訓於教育、倫理、社會、文學等各方面之評價。前三項論述重在家訓之主要內涵，分析此類作品於家庭教育之意義以及其引申於社會教育之作用，最末項則側重家訓外在形式之表現與相關文學理念之說明。

第一節　教育評價

　　「育善於家」為中國傳統家庭教育之主要精神，檢諸此代家庭教育之施教理念，大亦不離此原則。就其目的而言，主在培育品格健全之子弟，以維繫家族和諧、恢宏家族門第；就其內容而言，則以德行修養為基準，教子弟以修身、治家、為學、處世、敬業等各方面之事項。上述二者皆顯示出家庭道德教育之受肯定與重視，是以家族長輩多能以言教、身教，或直接告誡，或啓示誘導，將一己之學識經驗傳教子弟，娓娓訴說，毫無保留，期代有傳人，世世流芳，以下分二項討論之〔註1〕：

一、經驗相授，言傳身教

　　經驗之談雖不如古來聖哲教誨之宏博，然其著眼於日常，發語自內心，為最平實而肯切者，如官場險峻，動輒得咎，尤以此代政綱污濁，是以趨利浮誕之徒，擅場一時，文士遭受殺戮，而士風亦漸次衰頹。其人生於不得已之時代，只得韜光養晦以苟生於世，如嵇康「二十年未有喜慍之色」、阮籍「發言玄遠，口不臧否人物」〔註2〕，誠所謂「苦悶的象徵」、「悲劇之典型」〔註3〕。因此，其家長若有出仕為官

〔註1〕有關此代家訓之施教目的與內容已分述於第三、四章，因此本節之論述以施教方法為重點。
〔註2〕各見《晉書》本傳。
〔註3〕見羅宗強《玄學與魏晉士人心態》，頁97及126。

者，均以其官場經驗教誡子弟，期能趨吉避凶矣，茲以西晉李秉〈家誡〉、北魏楊椿〈誡子孫〉、北齊顏之推《顏氏家訓》爲例作一說明，前者之文曰：

> 昔侍坐於先帝，時有三長吏俱見。臨辭出，上曰：「爲官長當清，當愼，當勤，修此三者，何患不治乎？」並受詔。既出，上顧謂吾等曰：「相誡敕正當爾不？」侍坐眾賢，莫不贊善。上又問曰：「必不得已，於斯三者何先？」或對曰：「清固爲本。」次復問吾，對曰：「清愼之道，相須而成，必不得已，愼乃爲大。夫清者不必愼，愼者必自清，亦由仁者必有勇，勇者不必有仁，是以《易》稱括囊無咎，藉用白茅，皆愼之至也。」上曰：「卿言得之耳。可舉近世能愼者誰乎？」諸人各未知所對，吾乃舉故太尉荀景倩、尚書董仲連、僕射王公仲並可謂爲愼。上曰：「此諸人者，溫恭朝夕，執事有恪，亦各其愼也。然天下之至愼，其惟阮嗣宗乎！每與之言，言及玄遠，而未曾評論時事，臧否人物，眞可謂至愼矣。」吾每思此言，亦足以爲明誡。凡人行事，年少立身，不可不愼，勿輕論人，勿輕說事，如此則悔吝何由而生，患禍無從而至矣。

李秉有俊才，爲時所貴，官至秦州刺史〔註4〕，嘗答司馬文王之問而作〈家誡〉，教子弟爲官清、愼、勤之道。以爲三者之中清、愼當相互爲用，若不得已，則宜守愼，蓋謹愼者必清廉，而清廉者未必謹愼也。文中並舉天下至愼阮籍爲例，言明其人不妄出語，如《易經》所稱之括囊閉口，用以自清，故能遠罪避禍，後輩子弟若能效仿阮氏之行，不輕易評人、不率爾論事，則悔吝、禍患無從而生也。次者楊氏之文則曰：

> 北都時，朝法嚴急。太和初，吾兄弟三人並居內職，兄在高祖左右，吾與津在文明太后左右。於時口敕，責諸內官，十日仰密得一事，不列便大瞋嫌。諸人多有依敕密列者，亦有太后、高祖中間傳言構間者。吾兄弟自相誡曰：「今忝二聖近臣，母子間甚難，宜深愼之。又列人事，亦何容易，縱被瞋責，愼勿輕言。」十餘年中，不嘗言一人罪過，當時大被嫌責。答曰：「臣等非不聞人言，正恐不審，仰誤聖聽，是以不敢言。」於後終以不言蒙賞。及二聖間言語，終不敢輕爾傳通。太和二十一年，吾從濟州來朝，在清徽堂豫讌。高祖謂諸王、諸貴曰：「北京之日，太后嚴明，吾每得杖，左右因此有是非言語。和朕母子者唯楊椿兄弟。」遂舉賜四兄及我酒。汝等脫若萬一蒙時主知遇，宜深愼言語，不可輕論人惡也。

〔註4〕見《三國志·魏志·李通傳註》。

楊氏爲人寬謹，端愼小心，與其兄播、弟津等並侍禁闈〔註5〕，時文明太后臨朝欲專政，而高祖（案：即孝文帝）雅性孝謹，不欲參決，是以朝中事無巨細，悉依其令〔註6〕，且敕責內官十日密進一事，若無進言輒被瞋嫌，由是眾人遂多所陳事，幾於構間其人母子，惟楊氏兄弟審事謹愼，不妄進言，終爲孝文所賞。因此仕宦經歷，楊椿乃敎誡子孫，他日若爲主上知遇，當深愼其口，不爲是非言語。末者顏氏〈止足〉亦曰：

> 仕宦稱泰，不過處在中品，前望五十人，後顧五十人，足以免恥辱，無傾危也。高此者，便當罷謝，偃仰私庭。吾近爲黃門郎，已可收退；當時羈旅，懼罹謗讟，思爲此計，僅未暇爾。自喪亂以來，見因託風雲，徼倖富貴，旦執機權，夜塡坑谷，朔歡卓、鄭，晦泣顏、原者，非十人五人也！
>
> 愼之哉！愼之哉！

之推因侯景亂梁，輾轉至北齊，頗受文宣帝高洋賞識，遂引置內館，隨侍左右，因時局所迫，乃出坐任職〔註7〕，並累官中書舍人、黃門侍郎，甚爲後主及左僕射祖珽所重〔註8〕。然當時北朝政局有胡漢爭權之隱憂，且文官與武將亦多不和，幾經明爭暗鬥，祖珽被流放爲北徐州刺史〔註9〕，而侍中崔季舒等六人亦被誅殺〔註10〕，其人目睹政壇人心難測，深體高處不勝寒之理，故敎子爲官當以中品爲佳，前後顧望各五十人足可免禍患。上述三例：李氏雖敎子以清、愼、勤，然「勤」事略無闡論，所重者惟「愼」耳；楊氏因本性謹愼，亦敎子弟誡愼；而顏氏則因歷仕梁、北周、北齊，體滋官場，不足戀棧，故敎子罷謝高職。三人所言皆大抵不外明哲保身之方，是可知其人立身官場之修持也。至於身爲王室、主掌大權者，其居高思危、誡愼恐懼之人生經歷亦多見於家訓作品，如宋文帝誡〈江夏王義恭書〉載：

> 汝以弱冠，便親方任。天下艱難，家國事重，雖曰守成，實亦未易，隆替安危，在吾曹耳，豈可不感尋王業，大懼負荷。今既分張，言集無日，無由復得動相規誨，宜深自砥礪，思而後行。開布誠心，厝懷平當，親禮國士，友接佳流，識別賢愚，鑒察邪正，然後能盡君子之心，收小人之力。

〔註5〕見《魏書·楊播傳》。
〔註6〕見《魏書·文成文明皇后傳》。
〔註7〕見《顏氏家訓·終制》：兼以北方政敎嚴切，全無隱退者故也。
〔註8〕《北齊書·顏之推傳》載其人「聰穎機悟，博識有才辯，工尺牘，應對閑明」，是以爲人所重。
〔註9〕見《北齊書·祖珽傳》。
〔註10〕見《北齊書·顏之推傳》。

南朝各代少有治世，而宋文帝頗思圖振，故內清外晏，四海謐如，文治武功尚有可觀，史稱「元嘉之治」〔註11〕，子江夏王義恭，幼而明穎、姿顏美麗，深爲其人鍾愛，每有殊遇〔註12〕。及長，驕奢不遜，文帝深以爲憂，乃以己身治國創業之經驗，爲書誡之，教以謙遜守成、禮賢下士之禮。此外，齊豫章王嶷之〈遺令〉亦值得注意，其文曰：

> 人生在世，本自非常，吾年已老，前路幾何。居今之地，非心其所及。性
> 不貪聚，自幼所懷，政以汝兄弟累多，損吾暮志耳。無吾後，當共相勉勵，
> 篤睦爲先，才有優劣，位有通塞，運有富貧，此自然理，無足以相陵侮。
> 若天道有靈，汝等各自修立，灼然之分無失也。勤學行，守基業，修閨庭，
> 尚閒素，如此足無憂患。聖主儲皇及諸親賢，亦當不以吾沒易情也。

南朝齊政權之建立，高帝與武帝皆頗思作爲，然傳位至鬱林王蕭昭業、海陵王蕭昭文時，引來西昌侯蕭鸞篡位，是爲明帝。明帝在位五年，亦誅殺親族，高帝之十九子、武帝之二十三子，幾被誅滅。其人深知宗室骨肉殘殺之悲痛，自不願子弟重蹈覆轍，徒遺悔憾，故臨終之前切切叮嚀後輩子孫，兄弟手足雖有才位之別、貧富之差，猶當和睦共處，不可相互陵侮，方可保家安身，永享無休之基業。

經驗之談，何其多矣，大自仕宦處政，小至立身修養，無所不包，如《顏氏家訓·風操》說明世俗儀則、生活規範、南北習俗、子弟取名、宗族稱謂等，幾近於繁碎，然均爲日常經驗之累積，至於其他篇章亦多述一己經歷以示後輩，是可玩味再三，取以爲鑒。文末再以魏王昶〈家誡〉及齊王僧虔〈誡子書〉二文作一說明，前文載之：

> 近濟陰魏諷、山陽曹偉皆以傾邪敗，熒惑當世，挾持姦慝，驅動後生。雖
> 刑於鈇鉞，大爲尚戒，然所汙染，固以眾矣。可不慎與！……吾與時人從
> 事，雖出處不同，然各有所取。潁川郭伯益，好尚通達，敏而有知。其爲
> 人弘曠不足，輕貴有餘，得其人重之如山，不得其人忽之如草，吾以所知
> 親之昵之，不願兒子爲之。北海徐偉長，不治名高，不求苟得，澹然自守，
> 惟道是務。其有所是非，則託古人以見其意，當時無所褒貶。吾敬之重之，
> 願兒子師之。東平劉公幹，博學有高才，誠節有大意，然性行不均，少所
> 拘忌，得失足以相補，吾愛之重之，不願兒子慕之。樂安任昭先，淳粹履
> 道，內敏外恕，推遜恭讓，處不避汙，怯而義勇，在朝忘身，吾友之善之，
> 願兒子遵之。

〔註11〕 見《宋書·文帝紀》。
〔註12〕 見《宋書·江夏王義恭傳》。

王氏以自我待人接物之經驗，品論魏諷、曹偉、郭奕、劉楨、徐幹、任嘏等人〔註13〕，教其子弟取其賢者而效之，並以失者爲誡，可謂詳細臻密、用心良苦。然裴松之嘗評論此段文字曰〔註14〕：

> 魏諷、曹偉，事陷惡逆，著以爲誡，差無可尤。至若郭伯益、劉公幹，雖其人皆往，善惡有定，然既友之於昔，不宜復毀之於今，而乃形於翰墨，永傳後葉，於舊交則違久要之義，於子孫則揚人前世之惡。於夫鄙懷，深所不取。

裴氏以爲魏諷、曹偉二人圖謀叛逆，惡跡昭著，取以誡子，固無不是之處。然郭奕、劉楨二人，既與王昶共事，相交爲友，似不該論人短長且形於筆墨、傳示子孫。今考王氏爲文之目的，乃在以其所知告誡子弟，冀其後輩更於佳良，並不在毀議友人，是其用心堪稱純善，自不必深責之也。另，有關王僧虔之文則云：

> 往年有意於史，取《三國志》聚置床頭，百日許，復徙業就玄，自當小差於史，猶未近彷彿。曼倩有云：「談何容易」，見諸玄，志爲之逸，腸爲之抽，專一書，轉通數十家注，自少至老，手不釋卷，尚未敢輕言。汝開《老子》卷頭五尺許，未知輔嗣何所道，平叔何所說，馬、鄭何所異，《指例》何所明，而便盛於麈尾，自呼談士，此最險事。設令袁令命汝言《易》，謝中書挑汝言《莊》，張吳興叩汝言《老》，端可復言未嘗看邪？談故如射，前人得破，後人應解，不解即輸賭矣。且論注百氏，荆州〈八表〉，又〈才性四本〉、〈聲無哀樂〉，皆言家口實，如客至之有設也，汝皆未經拂耳瞥目，豈有庖廚不修，而欲延大賓者哉？

魏晉以來，清談盛行，名家輩出，如傅嘏、劉劭、鍾會、衛玠、孫盛等，爲名理派之代表人物，而何晏、王弼、樂廣、王衍、殷浩、支遁等，則爲玄論派之代表人物〔註15〕，彼輩才情縱橫、立言精彊，爲此代學術增添彩頁。南渡後，談論之風更演爲門第中人社交應酬之方法，善談者足可大逞其才，自樹標格，而不善談者則有失體面，爲人所譏。王氏出身盛門，深知此道，是以撰文教示子弟。其文言及「三玄」、論儒道之學、〈四本論〉、〈聲無哀樂論〉、新舊經之異同時，皆爲當時談論之題材，而王氏所以殷殷企盼者，則在子弟充實內涵，以便周旋酬酢之時能有應對之資，亦藉以表現家風之高尚雅緻，示其所以異於寒門之標格。

　　總之，家族長輩所用以教導子弟者，不須經典範本，亦不假外求，直須就近取

〔註13〕參見第五章第三節。
〔註14〕見《三國志‧魏志‧王昶傳註》。
〔註15〕見劉修士《魏晉思想論》，頁187。

材，傳授自我經驗，固足使後輩廣受其益，是能寓身教於言教，既在規範子弟，亦
有自我約束之作用矣。

二、啓示誘導，發人深省

除直接之經驗傳授外，居於輔導地位以啓示善誘子弟，亦爲此代家訓所展現之
教育風貌，其具體之作法乃在於援引實例以闡明道理，使子弟有所審慮，進而了悟
事理、學習精進。以遺令、遺誡類之家訓作品爲例，孫謙、顧憲之、沈麟士、程駿、
韋夐等人，均論及楊王孫、皇甫謐之儉葬觀念〔註16〕，教示子孫不得鋪張厚葬。而
尺璧非寶、寸陰是競，焉得不加珍重？爲教子愛惜時光，及時努力，王修〈誡子書〉、
王褒〈幼訓〉等，乃舉大禹珍惜寸陰爲楷模〔註17〕。至於其他啓示性之例證，亦不
難於此代家訓文中覓得，足可見其人家長樹立典範，誘導子弟學習效慕之用心。在
此將以嵇康〈家誡〉、沐並〈終制〉、殷褒〈誡子書〉、陶潛〈與子儼等疏〉、宋文帝
〈誡江夏王義恭書〉、顏之推〈顏氏家訓〉等文作一說明，藉以明其大要。〈家誡〉
之文曰：

> 人無志，非人也。但君子用心一所欲，準行自當。量其善者，必擬議而後
> 動。若志之所之，則口與心誓，守死無貳。恥躬不逮，期於必濟。若心疲
> 體懈，或牽於外物，或累於內欲；不堪近患，不忍小情，則議於去就。議
> 於去就，則二心交爭。二心交爭，則向所以見役之情勝矣。或有中道而廢，
> 或有不成一匱而敗之。以之守則不固，以之攻則怯弱，與之誓則多違，與
> 之謀則善泄。臨樂則肆情，處逸則極意。故雖榮華熠耀，無結秀之勳；終
> 年之勤，無一旦之功，斯君子所以嘆息也。若夫申胥之長吟，夷叔之全潔，
> 展季之執信，蘇武之守節，可謂固矣。故以無心守之，安而體之，若自然
> 也，乃是守志之盛者也。

嵇康教子立志，動靜準行，取其善者。一但立志，則不可累於私欲、惑於物像，當
堅其心志，固守不貳，否則三心二意，或妥協懈怠、或中途廢棄，則困於攻守、毀
盡事謀，終難有成就。古來守節之盛者，如伍子胥忠事夫差，卻爲讒言所害，至死
不渝〔註18〕；伯夷、叔齊相互讓國，義不食周粟，餓死首陽山〔註19〕；柳下惠任士
師之職，三遭罷黜，仍忠心事魯〔註20〕；蘇武出使匈奴失利，執節塞外等〔註21〕，

〔註16〕詳見第四章第六節。
〔註17〕詳見第四章第三節。
〔註18〕見《史記·伍子胥傳》。
〔註19〕見《史記·伯夷叔齊列傳》。
〔註20〕見《論語·微子》及《荀子·成相》。

均篤志全節、終始不渝之典例，思及往古，足為後人取法。沐並〈終制〉一文切切告誡子孫遵從其命以儉葬，是以舉魏顆不違父命以教之：

> 今年過耳順，奄忽無常，苟得獲沒，即以吾身襲於王孫矣。上冀以贖市朝
> 之遘罪，下以親道化之靈祖。顧爾幼昏，未知臧否，若將逐俗，抑廢吾志，
> 私稱從令，未必為孝；而犯魏顆聽治之賢，爾為棄父之命，誰或矜之！使
> 死而有知，吾將屍視。

魏顆，春秋時期晉人，仕而為卿。其父魏武子有嬖妾無子，後罹疾，命顆於其死後將妾出嫁。然武子病重彌留之際，則又令顆以妾殉葬。及病故，顆乃將妾出嫁，並曰：「疾病則亂，吾從其治也。」其後，顆抗秦師於輔氏，見一老人結草以坑秦將杜回，回躓而顛撲，遂為顆所執。當夜夢之，謂以：「余，所嫁婦人之父也，爾用先人之治命，余是以報。」此顆循父命並得結草恩報之故事載於《左傳》宣公十五年，沐氏援以教子，冀其子孫學習魏氏聽治之賢，遵循先人之善志。另，宋文帝〈誡江夏王義恭書〉曰：

> 禮賢下士，聖人垂訓；驕侈矜尚，先哲所去。豁達大度，漢祖之德；猜忌
> 褊急，魏武之累。

江夏王居高位而驕慢不遜，其父乃示以：昔漢高劉邦得蕭何、張良、韓信之助，端賴豁達大度；而魏武曹操戮殺孔融、荀彧、崔琰、許攸、楊修等名士，則因猜忌褊急之個性，二者相較，如何取捨，甚為明確。此外，殷褒則以正考父、晏平仲、曾參、顏回等人之行宜事跡，教誡子弟謙遜不驕，其〈誡子書〉云：

> 昔正考父三命滋恭，晏平仲久而敬之，曾顏之徒，有若無，實若虛也。況
> 爾析薪之智，欲彈射世俗，身為謗先，怨禍並集。……若朝益暮習，先人
> 後己，恂恂如也，則吾聞音而識其曲，食旨而知其甘，永終吾餘年矣，復
> 何恨哉？古人有言：思不出其位，爾其念之！爾其念之！

正考父，春秋時期宋人，任上卿之職，歷佐戴、武、宣三公，居高位而愈益謙恭〔註22〕。晏平仲，春秋時期齊國大夫，曾歷事靈、莊、景三公，以節儉力行見重於當世，雖居顯職而謙遜如故〔註23〕。而曾子日省其身、顏回虛己待人〔註24〕，均恂恂溫恭，先人後己，是以能成其德業，為後人所效習仰慕者。其次，再觀兄弟友睦之例，陶潛〈與子儼等疏〉載：

〔註21〕見《漢書‧蘇武傳》。
〔註22〕見《左傳》昭公七年。
〔註23〕見《史記‧管晏列傳》。
〔註24〕見《論語‧學而》、〈泰伯〉二篇。

疾患以來，漸就衰損，親舊不遺，每以藥石見救，自死大分將有限也。恨汝輩稚小，家貧無役，柴水之勞，何時何免，念之在心，若何可言。然汝等雖不同生，當思四海皆弟兄之義。鮑叔、敬仲，分財無猜，歸生、武舉，班荆道舊，遂能以敗為成，因喪立功，他人尚爾，況共父之人哉。潁川韓元長，漢末名士，身處卿佐，八十而終，兄弟同居，至於沒齒。濟北氾稚春，晉時操行人也，七世同財，家人無怨色，《詩》云：「高山仰止，景行行止。」汝其慎哉！吾復何言。

陶氏於文中先舉鮑叔、管仲共營商賈，分財無嫌〔註25〕；歸生、武舉佈荆墊坐、共敘舊誼〔註26〕，說明其人雖非親生手足，猶能彼此寬容、互助互恤，以成就功業。今其子儼、俟、份、佚、佟等兄弟五人，自當以悌友相尚，融睦其家。昔東漢韓融〔註27〕，手足和睦，終身不渝；西晉氾毓，敦親九族，七世共居，時人號其家以「兒無常父，衣無常主」〔註28〕，二者皆為典範，堪為法式。淵明撰此文，由遠及近，以疏推親，層層舉證，其用意在標立悌友之高格，使子弟有依循之理想。另，《顏氏家訓・兄弟》則曰：

江陵王玄紹，弟孝英、子敏，兄弟三人，特相友愛，所得甘旨新異，非共聚食，必不先嘗，孜孜色貌，相見如不足者。及西臺陷沒，玄紹以形體魁梧，為兵所圍；二弟爭共抱持，各求代死，終不得解，遂并命爾。

王氏兄弟和樂誠摯，情誼深重，平時特相友愛，即遭逢時難亦共濟體恤，竟至同時遇害之事例，誠動人肺腑、感人至深。而王玄紹、孝英、子敏兄弟三人，共存共榮、同亡同辱之不無朽精神，正是顏氏所欲教示子弟者。之推能近取譬，善說誘導以啓迪後輩，實為家訓成功之處，今再就〈教子〉、〈治家〉、〈勉學〉、〈省事〉所論說明之。《顏氏家訓・教子》言之：

齊武成帝子琅邪王，太子母弟也，生而聰慧，帝及后並篤愛之，衣服飲食，與東宮相準。帝每面稱之曰：「此黠兒也，當有所成。」及太子即位，王居別宮，禮數優僭，不與諸王等；太后猶謂不足，常以為言。年十許歲，驕恣無節，器服玩好，必擬乘輿；常朝南殿，見典御進新冰，鈎盾獻早李，還索不得，遂大怒，訽曰：「至尊已有，我何意無？」不知分齊，率皆如此。識者多有叔段、州吁之議。後嫌宰相，遂矯詔斬之，又懼有救，乃勒

〔註25〕 見《史記・管晏列傳》。
〔註26〕 見《左傳》襄公二十六年。
〔註27〕 見《後漢書・韓韶傳》。
〔註28〕 見《晉書・氾毓傳》。

麾下軍士，防守殿門；既無反心，受勞而罷，後竟坐此幽斃。

以為父母對子女當寓愛於教，「威嚴而有慈」，使子女「畏慎而生孝」，不可不昧放任、溺愛，導致「無教而有愛」〔註29〕，後果將不可收拾，如文中所言琅邪王母寵溺其子，遂使其人不知分際、驕縱恣意，後終為宰相和士開所除，雖咎由自取，然其母縱任不教之失，亦難推其責。另，〈治家〉則載：

> 梁孝元世，有中書舍人，治家失度，而過嚴刻，妻妾遂共貨刺客，伺醉而殺之。……齊吏部侍郎房文烈，未嘗嗔怒，經霖雨絕糧，遣婢糴米，因爾逃竄，三四許日，方復擒之。房徐曰：「舉家無食，汝何處來？」竟無捶撻。嘗寄人宅，奴婢徹屋為薪略盡，聞之顰蹙，卒無一言。

治家當寬猛互用，不可過於嚴苛，失其法度，如梁孝元世之中書舍人，終為妻妾伺殺；亦不可失之寬濫，毫無尺度，如房文烈仁厚隱忍，乃為婢隸所輕。前者失之過猛，後者失之過寬，有家有室焉得不取以為誡？治家教子為家庭生活之要事，顏氏於論敘道理外，能兼敘正、反例證，為能啟示後人，引人深思。至於勤篤向學之例，〈勉學〉述及：

> 古人勤學，有握錐投斧，照雪聚螢，鋤則帶經，牧則編簡，亦為勤篤。梁世彭城劉綺，交州刺史勃之孫，早孤家貧，燈燭難辦，常買荻尺寸折之，然明夜讀。孝元初出會稽，精選寮案，綺以才華，為國常侍兼記室，殊蒙禮遇，終於金紫光祿。義陽朱詹，世居江陵，後出揚都，好學，家貧無資，累日不爨，乃時吞紙以食腹。寒無氈被，抱犬而臥。犬亦飢虛，起行盜食，呼之不至，哀聲動鄰，猶不廢業，卒成學士，官至鎮南錄事參軍，為孝元所禮。此乃不可為之事，亦是勤學之一人。東莞臧逢世，年二十餘，欲讀班固《漢書》，苦假借不久，乃就姊夫劉緩乞丐客刺書翰紙末，手寫一本，軍府服其志尚，卒以《漢書》聞。

欲求通達者，當勤於學，蘇秦擢錐、文黨投斧、孫康映雪、車胤聚螢、兒寬帶經、路溫舒編簡，均為篤學之楷模。而彭城劉綺、義陽朱詹、東莞臧逢世之苦讀有成，亦可勸勉子孫勤於向學矣。有關與人為善之例，〈省事〉嘗言：

> 王子晉云：「佐饔得嘗，佐鬥得傷。」此言為善則預，為惡則去，不欲黨人非義之事也。凡損於物，皆無與焉。然而窮鳥入懷，仁人所憫；況死士歸我，當棄之乎？伍員之託漁舟、季布之入廣柳、孔融之藏張儉、孫嵩之匿趙岐，前代之所貴，而吾之所行也，以此得罪，甘心瞑目。至如郭解之

〔註29〕均見《顏氏家訓·教子》。

代人報仇，灌夫之橫怒求地，游俠之徒，非君子之所爲也。

當人之，救人之難，應以「仁義」爲依歸，如漁夫之渡伍員、周氏之護季布、孔融之留張儉、孫嵩之載趙岐等〔註30〕，皆仁義之行，可仿而效之，雖肝腦塗地亦不反悔。至如郭解以軀借交報仇、灌夫怒護竇嬰之地〔註31〕，雖勇於急人之難，猶不免以武犯禁之嫌，實不足取。

孔子嘗云：「不憤不啓，不悱不發。舉一隅不以三隅反，則不復也。」〔註32〕，此代家訓論理兼舉證之傳授方式，實將繁雜之事理寓於簡易之範例，不僅言簡意賅、生動靈活，且能使後輩子弟有所省思裁量，進而透過典範之學習而更臻於完善，故頗具啓示誘導之功矣。

第二節　倫理評價

倫理綱常爲我國傳統之禮教規儀，五倫中父子、夫婦、兄弟三者屬家庭範疇，講究孝慈、敬順、友愛，以臻於家族和諧。再由家族之敦睦推而及於社會、天下，使各階層之人際關係融於一定常軌，表現群體生活之道德意義。魏晉以來，政治穢濁、社會混亂，猶能於文化體係上頗見創闢，實不得不歸功於健全之家庭，是以其人家長於家訓中所教示之禮教綱常，自有其積極價值，以下二項論述之。

一、重申禮教，揭示綱常

葛洪《抱朴子・疾謬》述及：

> 夫以勢位言之，則周公勤於吐握，以聞望校之，則仲尼循循善誘，咸以勞謙爲務，不以驕慢爲高。漢之末世，則異於茲。蓬髮亂鬢，橫挾不帶，或襃衣以接人，或裸袒而箕踞。朋友之集，類味之遊，莫切切進德，闇闇修業，攻過弼違，講道精義。其相見也，不復敍離闊，問安否，賓則入門而呼奴，主則望客而喚狗。其或不爾，不成親至而棄之，不與爲黨。及好會，則狐蹲牛飲，爭食競割，掣撥淼擂，無復廉恥，以同此者爲泰，以不爾者爲劣。終日無及義之言，徹夜無箴規之益，誣引老莊，貴於率任，大行不顧細禮，至人不拘檢括，嘯傲縱逸，謂之體道。嗚呼！惜乎，豈不哀哉？

是知自漢末以來道德風氣每況愈下，及至魏晉南北朝則倫次更衰，就政治言，每見

〔註30〕 事跡各見《史記・伍子胥傳》、《史記・季布傳》、《後漢書・孔融傳》、《後漢書・趙岐傳》。

〔註31〕 事跡各見《史記・游俠列傳》、《史記・魏其武安侯列傳》。

〔註32〕 見《論語・述而》。

篡亂相乘，權臣、悍將相繼爲亂，兵戎迭起，幾無寧日，甚而宗室骨肉相殘，令人唏噓，或名之以「無夫婦」、「無父子」、「無君臣」〔註33〕，實爲此代政局無常之貼切註腳；就社會而言，其人或耽溺飲酒、或散髮裸露、或簡傲縱誕、或虛浮不經，以致儒雅日替、禮教衰陵，昔范寧歎以「仁義幽淪」、「禮壞樂崩」〔註34〕，實亦社會失序之寫照。

教化世俗爲上位者執政之先務，孔子嘗謂「君子之德風，小人之德草，草上之風必偃」〔註35〕，加草以風，無有不偃，猶化民以正，無不從者，此東漢光武帝所以受人推崇之故，誠如顧炎武《日知錄》卷十七〈兩漢風俗〉所論：

> 漢自孝武表彰六經之後，師儒雖盛，而大義未明，故新莽居攝，頌德獻符者遍於天下。光武有鑒於此，故尊崇節義，敦厲名實，所舉用者莫非經明行修之人，而風俗爲之一變。至其末造，朝政昏濁，國事日非，而黨錮之流，獨行之輩，依仁蹈義，舍命不渝，風雨如晦，雞鳴不已。三代以下，風俗之美，無尚於東京者。

光武鑒於王莽以來虛飾之風，是以大力提倡禮教、表彰氣節。由是，海內景附，仁義風靡，即便後有桓、靈二帝之黨禍，然耿介致節之士仍能依仁蹈義，蔚爲清流，爲史家所肯定。今觀魏晉南北朝三百餘年，其爲人君者大多平庸昏昧〔註36〕，雖有宋文帝、梁武帝、北魏孝文帝號爲賢明，畢竟鳳毛麟角，難得一、二，趙翼《二十二史箚記》卷十一〈宋齊多荒主〉言及：

> 古來荒亂之君，何代蔑有，然未有如江左宋、齊兩朝之多者。宋武以雄傑得天下，僅三年而即有義符。文帝元嘉三十年，號稱治平，而末有元凶劭之悖逆。孝武僅八年，而有子業。明帝亦八年而有昱。齊高武父子僅十五年而有昭業。明帝五年而有寶卷。統計八、九十年中，童昏狂暴，接踵繼出，蓋劫運之中，天方長亂，創業者不永年，繼體者必敗德，是以一朝甫興，不轉盼而輒覆滅，此固氣運使然也。

說明宋、齊二代多出荒主，如宋之少帝義符、前廢帝子業、後廢帝昱；齊之鬱林王昭業、東昏侯寶卷等，致使朝綱不振，國祚不保。深而究之，此代之昏君何止於上述諸人，他如蜀後主劉禪、吳主孫皓、晉惠帝司馬衷、哀帝司馬丕、安帝司馬德宗、

〔註33〕見鄧子琴《中國風俗史》頁75至77。
〔註34〕見《晉書‧范寧傳》。
〔註35〕見《論語‧顏淵》。
〔註36〕何啓民〈南朝的門第〉，《中古門第論集》，頁131說明此代之背景言及政局不穩、君主荒淫、政治腐敗等。及張仁青《魏晉南北朝文學思想史》，頁166論及此代政治環境亦論述政局動盪、英主絕少、政風敗壞、誅戮大行等四項。

陳後主叔寶、北魏道武帝拓跋珪、北齊文宣帝高洋、後主高緯、北周宣帝宇文贇等，多荒政敗德，事跡不堪聞問，如《資治通鑑・宋紀》載前廢帝子業之行：

> 帝畏忌諸父，恐其在外爲患，皆聚之建康，拘於殿內，毆捶陵曳，無復人理。湘東王彧、建安王休仁、山陽王休祐，皆肥壯，帝爲竹籠盛而稱之，以彧尤肥，謂之豬王，謂休仁爲殺王，休祐爲賊王。以三王年長，尤惡之，常錄以自隨，不離左右。東海王禕性凡劣，謂之驢王，桂陽王休範、巴陵王休若年尚少，故並得從容。嘗以木槽盛飯，并雜食攪之，掘地爲阬，實以泥水裸彧內阬中，使以口就槽食之，用爲歡笑。

子業以諸叔父爲患，號以豬、殺、賊、驢等，且任意毆辱，待之甚輕賤，或以竹籠禁閉其人、或使裸身泥阬若豬之就食，全然罔顧尊長之禮、君臣之義，終爲湘東王劉彧所滅。而《宋書・後廢帝紀》則載：

> 初昱在東宮，年五六歲時，始就書學，而惰業好嬉戲，主帥不能禁。……及嗣位，內畏太后，外憚諸大臣，猶未得肆志。自加元服，變態轉興，內外稍無以制。……自京城剋定，意志轉驕，於是無日不出。與左右人解僧智、張五兒恒相馳逐，夜出，開承明門，夕去晨反，晨出暮歸。從者並執鋌矛，行人男女，及犬馬牛驢，值無免者。民間擾懼，晝日不敢開門，道上行人殆絕。……天性好殺，以此爲歡，一日無事，輒慘慘不樂。內外百司，人不自保，殿省憂遑，夕不及旦。

劉昱生性好嬉戲，及登帝祚尤爲變本加厲、縱遊無度，往往擾及百姓，不得安寧。甚者，且以殺人爲樂，遂使百官司業惶惶難安。此外，《周書・宣帝紀》亦言及宣帝之謬行：

> 嗣位之初，方逞其欲。大行在殯，曾無戚容，即閱視先帝宮人，逼爲淫亂。纔及踰年，便恣聲樂，采擇天下子女，以充後宮。好自矜夸，飾非拒諫。禪位之後，彌復驕奢，耽酗於後宮，或旬日不出。公卿近臣請事者，皆附奄官奏之。所居宮殿，帷帳皆飾以金玉珠寶，光華炫燿，極麗窮奢。及營洛陽宮，雖未成畢，其規模壯麗，踰於漢魏遠矣。……擯斥近臣，多所猜忌。又吝於財，略無賜與。恐群臣規諫，不得行己之志，常遣左右密伺察之，動止所爲，莫不鈔錄，小有乖違，輒加其罪。自公卿以下，皆被楚撻，其間誅戮黜免者，不可勝言。每笞捶人，皆以百二十爲度，名曰天杖。

宇文贇荒淫後宮，恣意胡爲，且驕奢侈靡，不理政事，親近群小，擯斥眾臣，或誅戮、或笞捶，背禮壞義，損及人倫，誠非人君之作爲，是亦自取敗亡矣。而無獨有

偶,此代后妃之行亦多違逆禮教者,如晉惠賈后之荒淫放恣、羊后之喜新厭舊、宋山陰公主之廣立面首、齊文安王皇后之男寵三十,至如北齊神武、文襄、文宣、武成諸后之恣肆無檢等〔註37〕。彼輩但知縱情聲色、沉溺嗜欲,焉能如光武明君之提倡節義、崇尚禮法,影響所及,社會風氣之敗壞與綱紀之沉淪,自不待言,《晉書・五行志》言之:

> 自咸寧、太康之後,男寵大興,甚於女色,士大夫莫不尚之,天下相倣效,
> 或至夫婦離絕,多生怨曠,故男女之氣亂而妖形作也。

沉迷女色已不可取,如今男寵更勝於女色,以致夫婦絕離,多生怨曠,實可謂傷風敗俗、毀禮壞義,社會風氣之衰頹正如水之漫掩、火之燎原,一發不可收拾。

　　在此禮違道喪、倫腐壞之際,待英明君主之重整綱常、振興禮教,直如俟河之清,難以預期,其間或有提倡孝義、圖挽風潮者,然其身不正,焉得求諸他人〔註38〕?《宋書・孝義傳》言之:

> 漢世士務治身,故忠孝成俗,至乎乘軒服冕,非此莫由。晉、宋以來,風
> 衰義缺,刻身屬行,事薄膏腴。若夫孝立閨庭,忠被史策,多發溝畎之中,
> 非出衣簪之下。以此而言聲教,不亦卿大夫之恥乎?

是知此代於政治、社會極度喪亂中,而文化道統與人物規儀猶能維繫者,則多賴民間之努力,其中各家族長輩稟持恢宏家門、教誡子弟之決心則尤為可貴,檢諸家訓之文或敘孝悌仁義、或述忠信篤敬、或論遵禮儉葬、或倡婦德貞順等,莫不稟持禮教精神以教示後輩子弟,冀於父子、夫婦、兄弟,乃至其他家族成員能立於禮法應對之綱常,並維繫家族之和諧,如《顏氏家訓・兄弟》論曰:

> 夫有人民而後有夫婦,有夫婦而後有父子,有父子而後有兄弟:一家之親,
> 此三而已矣。自茲以往,至於九族,皆本於三親焉,故於人倫為重者也,
> 不可不篤。

夫婦之義順、父子之慈孝、兄弟之友恭係人倫之本,須以身作則,自上行於下,由長及於幼,以收潛移默化功,顏延之〈庭誥〉曾云:

> 欲求子孝必先慈,將責弟悌務為友。雖孝不待慈,而慈固植孝;悌非期友,
> 而友亦立悌。

而〈治家〉亦有類似之言:

〔註37〕 事跡各見《晉書・惠賈皇后傳》、《晉書・惠羊皇后傳》、《南史・宋前廢帝紀》、《南史・文安王皇后傳》、《二十二史劄記》卷十五〈北齊宮闈之醜〉等。

〔註38〕 羅炳錦〈兩晉南北朝孝義風氣的提倡〉,《人生》第二十三卷第三期,頁 8,以為此代雖極力提倡孝義,然收效甚少。

夫風化者，自上而行於下者也，自先而施於後者也。是以父不慈則子不孝，
兄不友則弟不恭，夫不義則婦不順矣。

篤於三親之禮，進而施於九族，為必然之倫常次序，能使家庭和睦、家族敦仁。是
知魏晉南北朝時期雖時代環境混濁於上，而各家族依然論治於內，其人雖不能挽狂
瀾於萬一，而僅在家庭中為其義順夫婦、慈孝父子、乃至友悌兄弟，亦何嘗不能呈
現禮教綱常之人文價值，唐君毅《中國文化之精神價值》曾曰〔註39〕：

在中國儒家人生思想中，固以人之道德始自家庭，並以人在家庭生活中，
亦可完成其極高之精神生活。

實可詮釋此代家訓於倫理價值之豐碩成就。

二、尚祖訓規，家風淳厚

淳風既遠，世情澆薄，是以此代家族推尊禮教綱常之精神，則愈顯其重要性，
仔細翻檢，其人孝友敦厚之家風遍載於史冊，誠為後世楷模並傳為佳話，《晉書·孝
友傳》言及：

晉氏始自中朝，逮於江左，雖百六之災遄及，而君子之道未消，孝悌名流，
猶為繼踵。

此文雖言兩晉百餘年之事，實可推及南北朝之一般狀況，蓋其人事跡源遠流長，未
曾間斷，如氾毓「奕世儒素，敦睦九族」、到溉「家門雍睦，兄弟特相友愛」、段韶
「教訓子弟，閨門雍肅」、盧淵「敦尚學業，閨門和睦」、房景伯「兄弟有義有禮」
等均是其例〔註40〕。此外，史載數世同居，閨門有禮之家族為數亦多，如《魏書·
節義傳》述及：

（李几）七世共居同財，家有二十二房，一百九十八口，長幼濟濟，風禮
著聞，至於作役，卑幼競進。鄉里嗟美，標其門閭。……（王閭）數世同
居，有百口。又太山劉業興四世同居，魯郡蓋儁六世同居，並共財產，家
門雍睦，鄉里敬異。有司申奏，皆標門閭。

而〈孝感傳〉載董、吳二氏兄弟之事曰：

東郡小黃縣人董吐渾、兄養，事親至孝，三世同居，閨門有禮。……（吳
悉達）昆弟同居四十餘載，閨門和睦，讓逸競勞。

另，《南史·孝義傳》言：

〔註39〕見該書頁203。
〔註40〕事跡各見《晉書·氾毓傳》、《梁書·到溉傳》、《北齊書·段韶傳》、《魏書·盧淵傳》、
《北史·房景伯傳》。

南豫州舉所統西陽縣人董陽三世同居，外無異門，內無異煙。詔榜門曰「篤行董氏之閭」。

〈孝義傳〉又言：

建元三年，大使巡行天下，義興陳玄子四世同居，一百七口。武陵邵榮興、文獻叔並八世同居。東海徐生之、武陵范安祖、李聖伯、范道根，並五世同居。零陵譚弘寶、衡陽何弘、華陽陽黑頭，疎從四世同居。詔具表門閭，蠲租稅。

《北史・節義傳》亦云：

石文德，中山蒲陰人也。……五世同居，闔門雍睦。

上述李几、王閻、劉業興、蓋雋、董吐渾、吳悉達、董陽、陳玄子、邵榮興、文獻叔、徐生之、范安祖、李聖伯、范道根、譚弘寶、何弘、陽黑頭、石文德，少則三世多則七世同居共財，而家族敦睦、閨門和熙，其所賴以持家者，端在禮教風規與倫理綱常，蓋人多易起衝突，導致失和〔註41〕，苟非恪遵家教閨禮，何來敦睦之家風？引而申之，此代家族長輩撰作家訓所諄諄告示，孜孜在意者，乃在教誡子弟為人之方與處世之道，期使家族和樂、門祚不衰，是知賢父兄之教誡與賢子弟之順行，乃得有蔚然之家風。如魏王修〈誡子書〉曰：

自汝行之後，恨恨不樂。何者？我實老矣，所恃汝等也，皆不在目前，意邈邈也。人之居世，忽去便過，日月可愛也。故禹不愛尺璧而愛寸陰，時過不還，若年大不可少也。欲汝早之，未必讀書，並學作人。汝今逾郡縣，越山河，離兄弟，去妻子者，欲令見舉動之宜，效高人遠節，聞一得三，志在善人，左右不可不慎。善否之要，在此際也。行止與人，務在饒之，言思乃出，行詳乃動，皆用情實道理，違斯敗矣。父欲令子善，唯不能殺身，其餘無惜也。

乃教子效高人遠節、惜陰篤學，以使立身行事，舉止見宜，今觀其子孫之事跡，要亦多賢良之行，如《三國志・魏志・王修傳註》載：

修一子，名儀，字朱表，高亮雅直。司馬文王為安東，儀為司馬。東關之敗，文王曰：「近日之事，誰任其咎？」儀曰：「責在軍帥。」文王怒曰：「司馬欲委罪於孤邪？」遂殺之。子襃，字偉元。少立操尚，非禮不動。身長八尺四寸，容貌絕異。痛父不以命終，絕世不仕。立屋墓側，以教授為務。旦夕常至墓前拜，輒悲號斷絕。

〔註41〕李師威熊《中國文化精神的探索》，頁154論中國家庭的流弊即曾述及此項。

王氏之子亮亮雅直、耿介不阿；其孫篤孝尚志、非禮不動，可謂一門清直、家道可風。又如嵇康〈家誡〉誡子立志守節，其子紹困能稟行不疑、成就大節，而垂範後世，《晉書・嵇紹傳》言及：

> 尋而朝廷復有北征之役，徵紹，復其爵位。紹以天子蒙塵，承詔馳詣行在
> 所。值王師敗績於蕩陰，百官及侍衛莫不散潰，唯紹儼然端冕，以身捍衛，
> 兵交御輦，飛箭雨集，紹遂被害於帝側，血濺御服，天子深哀歎之。及事
> 定，左右欲浣衣，帝曰：「此嵇侍中血，勿去。」

嵇紹於司馬宗室之傾軋中，臨難不亂、以身護帝，履踐執信全節之父教，故孝武帝褒而讚之：

> 褒德顯仁，哲王令典。故太尉、忠穆公執德高邈，在否彌宣，貞潔之風，
> 義著千載。每念其事，愴然傷懷。忠貞之胤，蒸嘗宜遠，所以大明至節，
> 崇獎名教。

其人之貞風亮節，義著千載，是以文天祥〈正氣歌〉乃推尊爲典範，永世不朽。茲再觀北魏楊椿之例，其〈誡子孫〉之文嘗告誡後輩悌友敦睦曰：

> 又吾兄弟，若在家，必同盤而食，若有近行，不至，必待其還，亦有過中
> 不食，忍飢相待。吾兄弟八人，今存者有三，是故不忍別食也。又願畢吾
> 兄弟世，不異居、異財，汝等眼見，非爲虛假。

其人兄弟以身作則，禮讓相待，並以此家風督責子孫，上行下效，準奉不渝，甚爲世人所稱道，《魏書・楊播傳》載之：

> 播家世純厚，並敦義讓，昆季相事，有如父子。播剛毅。椿、津恭謙，
> 與人言，自稱名字。兄弟旦則聚於廳堂，終日相對，未曾入內。有一美
> 味，不集不食。廳堂間，往往帷幔隔障，爲寢息之所，時就休偃，還共
> 談笑。椿年老，曾他處醉歸，津扶侍還室，仍假寐閣前，承候安否。椿、
> 津年過六十，並登台鼎，而津嘗旦暮參問，子侄羅列階下，椿不命坐，
> 津不敢坐。椿每近出，或日斜不至，津不先飯，椿還，然後共食。食則
> 津親授匙箸，味皆先嘗，椿命食，然後食。津爲司空，於時府主皆引僚
> 佐，人就津求官，津曰：「此事須家兄裁之，何爲見問？」初，津爲肆州，
> 椿在京宅，每有四時嘉味，則輒因使次附之，若或未寄，不先入口。椿
> 每得所寄，輒對之下泣。兄弟皆有孫，唯椿有曾孫，年十五六矣，椿常
> 欲爲之早娶，望見玄孫。自昱以下，率都學尚，時人莫不欽羨焉。一家
> 之內，男女百口，緦服同爨，庭無間言，魏世以來，唯有盧淵兄弟及播
> 昆季，當世莫逮焉。

楊氏一門，男女百口，同居共財，尊卑敦讓，間隙不生，直可追美漢世萬石家風〔註42〕、陳紀家法〔註43〕。此外，北齊顏之推深以世傳儒雅爲榮，作《家訓》二十篇，凡「立身之要，處世之宜，爲學之方」〔註44〕，莫善於斯。以此教子，成效自彰，是以其三子多能瞻優學行，歷仕要職——長子思魯以儒學顯名，唐高祖武德時期爲秦王府記室參軍事〔註45〕；次子愍楚任隋通事舍人，精於曆算〔註46〕；三子游秦，唐高祖武德初，任廉州刺史、封臨沂縣男，撫恤境內，邑里歌之〔註47〕。至於其後人如顏師古、顏杲卿、顏眞卿等皆留名青史，爲人景仰。

　　綜觀上述諸例，各家族所以能奕葉流芳、代有傳人，歷經改朝換代而不衰者，實有賴於家族長輩之勤於治家與後世子孫之尙祖訓規，乃能有此淳厚家風矣。

第三節　社會評價

　　家庭爲社會之基本單位，此代家長重示教子，勤於告誡，而子弟亦多能遵奉訓示，篤於力行，故得以維繫家風與令譽，於時代之拘限中，開創新希望，雖無法全面挽就世風於一時，要亦有其正面之制衡作用，茲分二項討論如后，前者乃針對社會習尙而論，期爲子弟建立規儀；後者雖屬一般告誡，然於當時風氣亦有匡正之功也。

一、反省世風，樹立典範

　　人生在世，必得參與社會生活，且深受影響，是以反省世俗風尙，教示子弟以尋常規儀，亦爲家族長輩責無旁貸之事，如兩漢以來，盛行厚葬，幾於失度，故此代遺令、遺誡類之家訓作品多教子後代以儉葬節用，並蔚爲風氣〔註48〕，可謂至功厥偉。又如魏晉以降，玄學清談盛行，及其末流，則淪爲浮華不實之學風，《二十二史箚記》卷八〈六朝清談之習〉載及：

　　　　學者以老莊爲宗，而黜六經；談者以虛薄爲辨，而賤名檢。

彼輩激於世變而玄談，競相馳騁，出言玄遠，不及時事，由是乃招譏評，《顏氏家訓·勉學》云：

〔註42〕　《漢書·石奮傳》載石奮與其四子官皆二千石，以家風孝謹聞乎郡國。另，嵇康《幽憤詩》亦云：萬石周愼，安親保榮。
〔註43〕　《後漢書·陳紀傳》載陳氏一門，兄弟孝養，閨門雍和，後進之士皆推慕其風。
〔註44〕　見盧文弨《顏氏家訓抱經堂刊本·序》。
〔註45〕　見《新唐書·顏師古傳》。
〔註46〕　見《北史·張胄玄傳》。
〔註47〕　見《新唐書·顏師古傳》。
〔註48〕　詳見第四章第六節。

夫老莊之書，蓋全眞養性，不肯以物累己也。故藏名柱史，終蹈流沙；匿跡漆園，卒辭楚相，此任縱之徒耳。何晏、王弼，祖述玄宗，遞相誇尚，影附草靡，皆以農、黃之化，在乎己身，周、孔之業，棄之度外。……直取其清談雅論，剖玄析微，賓主往復，愉心悅目，非濟世成俗之要也。

道家老莊之言，主張清靜無爲、返樸歸眞，固可使人全眞養性、不累外物，然由於玄學家之矜尚推行，遂風靡一時，如影附形，其人徒務言辭之辯巧，神采之倜儻，而出言虛玄，無復經世濟俗之效，是以顏氏教示子弟不得專務於此，僅取以交際應對之用。而宋陳顯達則言之更切〔註49〕：

凡奢侈者鮮有不敗，塵尾蠅拂，是王謝家物，汝不須捉此自逐。

乃將清談視爲奢靡之象徵，示後輩不可沉迷於此。除虛浮之學風外，士族子弟以浮華相尚，荒怠嬉戲，不務於學，亦爲人所注意，如齊王僧虔〈誡子書〉言及：

於時王家門中，優者則龍鳳，劣者猶虎豹，失蔭之後，豈龍虎之議？況吾不能爲汝蔭，政應各自努力耳。或有身經三公，蔑爾無聞；布衣寒素，卿相屈體。或父子貴賤殊，兄弟聲名異。何也？體盡讀數百卷書耳。吾今悔無所及，欲以前車誡爾後乘也。

士族門閥因其家世之庇蔭，享有政治、經濟、教育，及社會之特權〔註50〕，頗能稱志一時，故其不肖者乃依此佳勢，安於現狀、不求上進。然一旦失蔭，則無所資據，惶惶不知所措。王氏雖出身士族，身受其惠，然亦有鑒於此，遂教誡其子弟不得依恃家蔭，當各自努力、篤志向學。此外，《顏氏家訓‧勉學》亦曰：

多見士大夫恥涉農商，羞務工伎，射則不能穿札，筆則纔記姓名，飽食醉酒，忽忽無事，以此銷日，以此終年。或因家世遺緒，得一階半級，便自爲足，全忘修學。及有吉凶大事，議論得失，蒙然張口，如坐雲霧；公私宴集，談古賦詩，塞默低頭，欠伸而已。有識旁觀，代其入地。何惜數年勤學，長受一生愧辱哉！……梁朝全盛之時，貴遊子弟，多無學術，至於諺云：「上車不落則著作，體中何如則秘書。」無不熏衣剃面，傅粉施朱，駕長簷車，跟高齒屐，坐棋子方褥，憑斑絲隱囊，列器玩於左右，從容出入，望若神仙。明經求第，則顧人答策；三九公讌，則假手賦詩。

上文將不務實學之士大夫描述得淋漓盡致，彼輩競以華美外飾爲尚，平日雍容高貴、出入從容，一遇公私宴會，議論得失，則不知所云，或低頭欠伸，或請人代手，終爲他人譏辱。甚者，遇及亂事，流離顛沛，轉死溝壑，蓋「父兄不可常依，鄉國不

〔註49〕見《南史‧陳顯達傳》。
〔註50〕參見第二章第一、二節。

可常保」〔註51〕，焉得不積極向學，自求諸身？

由於士族門閥之矜尚婚姻〔註52〕、嚴尊名諱、營聚斂財等，所導致之社會流弊，自爲有識家長覺察，並指引後輩子孫因應之法，如《顏氏家訓・治家》言：

> 婚姻素對，靖侯成規。近世娶，遂有賣女納財，買婦輸絹，比量父祖，計較錙銖，責多還少，市井無異。或猥婿在門，或傲婦擅室，貪榮求利，反招羞恥，可不慎歟！

以爲婚姻嫁娶但求家世清白、人品端正，不可一味虛榮，貪圖家世或財富，以致有猥婿、擅婦之憾事。此代士族中人，愼重婚姻乃爲門戶之見，而嚴尊名諱亦復如此，每每矯枉過正，茲以桓溫之子玄與謝鳳之子超宗爲例，前者事載《世說新語・任誕》：

> 桓南郡被召任太子洗馬，船泊荻渚，王大服散後已小醉，往看桓。桓爲設酒，不能冷飲，頻語左右令「溫酒來」，極乃流涕鳴咽。王便欲去，桓以手巾掩淚，因謂王曰：「犯我家諱，何預卿事！」

後者事見《南史》本傳及〈王慈傳〉：

> （超宗）好學有文辭，盛得名譽選補新安王子鸞國常侍。王母殷淑儀卒，超宗作誄奏之，帝大嗟賞，謂謝莊曰：「超宗殊有鳳毛，靈運復出。」時右衛將軍劉道隆在御坐，出候超宗曰：「聞君有異物，可見乎？」超宗曰：「懸磬之室，復有異物邪。」道隆武人無識，正觸其父名，曰：「旦侍宴，至尊說君有鳳毛。」超宗徒跣還內。……謝鳳子超宗嘗候僧虔，仍往束齋詣慈。慈正學書，未即放筆，超宗曰：「卿書何如虔公？」慈曰：「慈書比大人，如雞之比鳳。」超宗狼狽而退。

桓、謝二人聞父諱，或痛哭流涕，或倉惶而逃，動靜制肘，左右莫知其然，實拘之太過，《顏氏家訓・風操》論及：

> 凡避諱者，皆須得其同訓以換之……今人避諱，更急於古。凡名子者，當爲孫地。吾親識中有諱襄、諱友、諱同、諱清、諱和、諱禹，交疏造次，一座百犯，聞者辛苦，無憀賴焉。

言避諱當以同義字，適切代之，且交情疏遠者，不須謹於此節，否則人人有諱，一座百犯，或用語不當，或曠廢公務，惹人譏笑、得不償失。至於營聚斂財方面，梁徐勉〈誡子崧書〉云：

> 所以顯貴以來，將三十載，門人故舊，亟薦便宜，或使創闢田園，或勸興立邸店，又欲舳艫運致，亦令貨殖聚斂。若此衆事，皆距而不納。

〔註51〕見《顏氏家訓・勉學》。
〔註52〕參見第五章引言。

士族門閥因兼併私蔭，擁有土地與財富，並致力營造莊園〔註53〕，且此代對外交通，海、陸均有拓展，而因東晉、宋、齊、梁、陳諸朝均偏安江南，其中海路航運更勝於前代，活躍一時，並帶動商務貿易〔註54〕，由是富商、士族更為之封殖積聚，圖謀暴利，使社會貧富差距日益懸殊——其貧者無以聊生、朝不保夕；其富者日用豪奢、驕逸恣肆，影響所及，則風氣為之愈益敗壞。由此，徐氏乃叮誡子弟不得貨殖營商、沾染陋習，以致敗壞門風。

服藥養生亦為當時之社會特徵，而五石散（又稱寒食散），尤為士人之所好。此藥以紫石、赤石脂、白石脂、鐘孔石、硫黃等五石為主，服時當以冷酒送飲，其後當行散、冷浴等等〔註55〕，不僅費時繁雜，且花費甚昂，俞正燮《癸巳存稿》卷七提及此代服食之盛行：

> 士大夫不問疾否，服之為風流，則始於何晏，魏晉人服散，至死不悟。

五石散為具毒性之藥，本用以治病，但自何晏云：「服五石散，非唯治病，亦覺神明開朗。」〔註56〕，士大夫競相以服食為高尚，不顧其後遺症，由是慘狀歷目，如皇甫謐言及〔註57〕：

> 眾人喜於近利，未睹後患，晏死之後，服者彌繁，於時不輟，余亦豫焉，或暴發不常，夭害年命，是以族弟長互，舌縮入喉；東海王良夫，癰瘡陷背；隴西辛長緒，脊肉爛潰；蜀郡趙公烈，中表六喪，悉寒食散之所為也。……競服至難之藥，以招甚苦之患而夭死者，焉可勝計哉？

其人或脊肉潰爛、或舌縮入喉、或癰瘡陷背、亦有殘疾、失明、乃至喪命者。除生理之殘疾外，發狂、癡呆、情性變態，足以危害社會，是知服食多遺禍害，少有養生之疾。宋顏延之〈庭誥〉云：

> 凡養生之具，豈間定實，或以膏腴夭性，有以菽藋登年。中散云，所足在內，不由於外。是以稱體而食，貧歲愈嗛；量腹而炊，豐家餘飱。非粒實息耗，意有盈虛爾。況心得優劣，身獲仁富，明白入素，氣志如神，雖十旬九飯，不能令饑，業席三屬，不能為寒。豈不信然。

而《顏氏家訓·養生》則言之：

> 夫養生者先須慮禍，全身保性，有此生然後養之，勿徒養其無生也。單豹

〔註53〕參見第二章第一節。
〔註54〕見方豪《中西交通史》（上），頁193至194。
〔註55〕有關服食之調息，參見顏進雄《六朝服食風氣與詩歌》，頁149至151。
〔註56〕見《世說新語·言語》。
〔註57〕見《諸病源候總論》卷六。

　　養於內而喪外，單豹養於外而喪內，前賢所誡也。嵇康著〈養生〉之論，

　　而以慠物受刑；石崇冀服餌之徵，而以貪溺取禍，往世之所迷也。

二者主張以自然之法調養身心，首以珍愛身體爲要，其次生活起居當正常，慎飲食、明寒暑、養精調氣、清心寡欲，即爲養生良方，實不須餌藥。

　　由上所述，其人無論強調儉葬，亦或主張務於實學、自然養生，甚而檢討士族門閥之婚媾、避諱、營聚等，均能切中時弊、反省世風，並指示後代以正確之方，樹立良好典範。

二、規過勸善，泯除弊端

　　茲以崇儉誡奢、節制飲酒二項說明之。就前者言，東漢以來浮靡之風，延至魏晉南北朝仍未終息。甚者，門閥挾其權勢，多養尊處優、傲慢放蕩，影響所及，風氣乃爲之浮華奢靡、道德淪喪，史家以「浮靡」、「濁亂」名之〔註58〕，實不爲過。今舉各代例證，以明其梗概：三國時期，據《晉書・宣帝紀》載魏明帝之奢汰：

　　魏明帝好修宮室，制度靡麗，百姓苦之。帝自遼東還，役者猶萬餘人，雕

　　玩之物，動以千計。

明帝窮奢極侈，大修宮室，收集珍玩，營一己之享樂，不惜干擾百姓生活。另，《三國志・魏志・曹爽傳》曰：

　　爽飲食車服，擬於乘輿，尚方珍玩，充牣其家；妻妾盈後庭，又私取先帝

　　才人七八人，及將吏、師工、鼓吹、良家子女三十三人，皆以爲伎樂。詐

　　作詔書，發才人五十七人送鄴臺，使先帝婕妤教習爲伎。擅取太樂樂器，

　　武庫禁兵。作窟室，綺疏四周，數與晏等會其中，飲酒作樂。羲深以爲大

　　憂，數諫止之。又著書三篇，陳驕淫盈溢之致禍敗，辭旨甚切，不敢斥爽，

　　託戒諸弟以示爽。爽知其爲己發也，甚不悅。

曹爽身負國家重責，猶且揮霍無度，其弟曹羲委婉相勸，不僅不爲所動且惹其惱怒，是知其人驕奢成性。此外，糜竺「僮客萬人，貲產鉅億」〔註59〕、袁譚「肆志奢淫，不知稼穡之艱難」〔註60〕，可謂上行下效，一片浮靡。逮至兩晉，奢靡之風更甚於前代，武帝即位之初，下詔以倡儉約，如《晉書・李重傳》所云：

　　〈己巳詔書〉申明律令，諸士卒百工以上，所服乘皆不得違制。若一縣

　　一歲之中，有違犯者三家，洛陽縣十家以上，官長免。如詔書之旨，法

〔註58〕張亮采《中國風俗史》稱此代爲「浮靡時代」（或濁亂時代），頁97。
〔註59〕見《三國志・魏志・糜竺傳》。
〔註60〕見《三國志・魏志・袁紹傳註》。

制已嚴。

法令雖嚴，昔其言之者鑿鑿，欲挽靡風直如蜉蟻撼樹，難有其效，而王室即為壞法始，如《晉書·宗室傳》載：

> 竟陵王（司馬楙）……遂殖財貨，奢僭踰制。

《晉書·齊王冏傳》亦載：

> 冏於是輔政，居攸故宮，置掾屬四十人。大築第館，北取五穀市，南開諸署，毀壞廬舍以百數，使大匠營制，與西宮等。鑿千秋門牆以通西閣，後房施鍾懸，前庭舞八佾，沈於酒色，不入朝見。

至如武帝，亦難以身作則，如《世說新語·汰侈》提及：

> 武帝，愷之甥也，每助愷。嘗以一珊瑚樹高二尺許賜愷，枝柯扶疏，世罕其比。愷以示崇；崇視訖，以鐵如意擊之，應手而碎。愷既惋惜，又以為疾己之寶，聲色甚厲。崇曰：「不足恨，今還卿。」乃命左右悉取珊瑚樹，有三尺、四尺，條幹絕世，光彩溢目者六七枚，如愷許比甚眾。愷惘然自失。

武帝以帝王之尊，助其舅與石崇鬥富，實無足取式，且浮華相尚，助長侈風，而石崇「行酒殺人」、「麗藻其廁」，進而與王愷競相以侈靡為尚，則更為荒謬。此外，王濟之「金溝」、「以人乳飲豚」[註61]；王濬「縱奢侈以自逸」；何曾、何劭、何遵、何綏祖孫之「奢豪華侈」；賈謐「奢侈踰度」；任愷「豪侈，用御食器」；夏侯湛「豪侈玉食」等[註62]，皆是其例。逮及東晉南渡，奢靡之風，依然如故，王導指陳[註63]：

> 自魏氏以來，迄於太康之際，公卿世族，豪侈相高，政教凌遲，不遵法度，群公卿士，皆屢於安息，遂使姦人乘釁，有虧至道。

范寧亦上書，力矯時弊，《晉書》本傳載其言曰：

> 夫人性無涯，奢儉由勢。今并兼之士亦多不贍，非力不足以厚身，非祿不足以富家，是得之有由，而用之無節。蒲酒永日，馳騖卒年，一宴之饌，費過十金，麗服之美，不可貲算，盛狗馬之飾，營鄭衛之音，南畝廢而不墾，講誦闕而無聞，凡庸競馳，傲誕成俗。

可歎上下沉迷侈風，積重難返，而一代名相謝安亦樂此道，《晉書·謝安傳》載：

> 又於土山營墅，樓館林竹甚盛，每攜中外子侄往來游集，希饌亦屢費百金，世頗以此譏焉。

[註61] 以上均見《世說新語·汰侈》。
[註62] 事跡各見《晉書》本傳。
[註63] 見《晉書·王導傳》。

謝安匡定晉室，其功厥偉，然猶爲風氣所染，不能免俗，至於權臣司馬道子之「功用鋸萬」、王國寶之「貪縱聚斂」，自不在話下。再者，力圖北伐之劉琨則「素豪奢，嗜聲色」、而以勤勉惜陰著名之陶侃亦且「珍奇寶貨富於天府」，聲聞佳者尚且如此，其他諸人如王敦、桓玄之「驕奢荒侈」、苟晞「奴婢千人，侍妾數十」、紀瞻「厚自奉養，館宇崇麗」、劉胤「矜豪耽樂」、殷仲文「窮極綺麗」等〔註64〕，自不足爲奇。

及南北朝，積習日久，自難改之，雖見侈靡之禁，如宋文帝有〈崇儉詔〉、孝武帝有〈節省詔〉、明帝有〈節省詔〉及〈崇儉約〉、後廢帝有〈禁侈費詔〉、齊明帝二下〈崇儉詔〉、陳後主〈禁繁費詔〉、北齊文宣帝〈禁浮華詔〉等〔註65〕，然多行之不實，除君王奢淫外，民間風氣有增無已。

較之南朝，北朝雖稱儉樸，然風尚所及，亦不減豪奢之風，尤以王室權貴爲著，如北魏元禧之「貪淫財色」、爾朱榮「供設奢麗」，李壽「廣修宮室，民多嗟怨」；北周李哲遷「厚自奉養」；而北齊之韓晉明「一席之費，動至萬錢，猶恨儉率」〔註66〕，可謂誕縱至極。

此代爭靡鬥富之社會風氣，綿延三百餘年而不止，其人縱情放恣，追求物欲享樂，除敗壞社會風氣外，亦可知因時局動盪，人心苦悶，苟活其間，只得縱耳目感官之欲求以及時行樂，誠爲時代之悲劇。由此，咎家族長輩多訓示子孫治家以簡樸〔註67〕，於當世不良之風尚，實有矯俗之功也。

就後者言，魏晉以來，士人酣飲、酗酒蔚爲風潮，如嵇康宣稱：「濁酒一杯，彈琴一曲，志願畢矣。」；劉伶作〈酒德頌〉，「常乘鹿車，攜一壺酒，使人荷鍤而隨之，謂曰：死便埋我。」〔註68〕。另，《世說新語・任誕》亦曾載其人飲酒之百態：

> 阮宣子常步行，以百錢掛杖頭，至酒店，便獨酣暢，雖當世貴盛，不肯詣也。
> 劉公榮與人飲酒，雜穢非類。人或譏之，答曰：「勝公榮者不可不與飲，不如公榮者亦不可不與飲，是公榮輩者又不可不與飲。故終日共飲而醉。」
> 張季鷹縱任不拘，時人號爲「江東步兵」。或謂之曰：「卿乃可縱適一時，獨不爲身後名邪？」答曰：「使我有身後名，不如即時一杯酒。」

〔註64〕事跡各見《晉書》本傳。
〔註65〕見各帝王本紀。
〔註66〕事跡各見《魏書》、《周書》、《北齊書》本傳。
〔註67〕詳見第四章第二節。
〔註68〕各見《晉書》本傳。

周伯仁風德雅重，深達危亂。通江積年，恒大飲酒，嘗經三日不醒。時人
謂之「三日僕射。」

劉伶恒縱酒放達，或脫衣裸形在屋中。人見譏之，伶曰：「我以天地爲棟
宇，屋室爲褌衣，諸君何爲入我褌中！」

魏末，阮籍嗜酒荒放，露頭散髮，裸袒箕踞。其後貴游子弟阮瞻、王澄、
謝鯤、胡毋輔之之徒，皆祖述於籍，謂得大道之本。故去巾幘，脫衣服，
露醜惡，同禽獸。甚者名之爲通，次者名之爲達也〔註69〕。

士人飲酒或爲行樂、或爲消愁、或爲時尚，然其人有以放任裸體爲灑脫者，實有害
社會風氣，蓋華夏本衣冠古國，今士大夫竟以裸露爲尚，若或勸之，且振振有辭，
許以曠達，誠可謂輕薄無禮，損及風化。今觀魏王肅〈家誡〉所言：

夫酒，所以行禮，養性命，歡樂也。過則爲患，不可不慎。是故賓主百拜，
終日飲酒，而不得醉，先王所以備酒禍也。凡爲主人飲客，使有酒色而已，
無使至醉，若爲人所強，必退席長跪，稱父誡以辭之，敬仲辭君，而況於
人乎？爲客又不得唱造酒史也，若爲人所屬，下坐行酒，隨其多少，犯令
行罰，示有酒而已，無使多也。禍變之興，常於此作，所宜深慎。

其用意在教誡家人飲酒乃爲行禮、盡歡、養性命，是以不可行之太過。而蜀諸葛亮
〈誡子書〉則曰：

夫酒之設，合禮致情，適體歸性，禮終而退，此和之至也，主意未殫，賓
有餘倦，可以至醉，無致迷亂。

教示子弟不可貪杯酗酒，當合禮致情，不失中和之道。另，宋顏延之〈庭誥〉亦論
及：

酒酖之設，可樂而不可嗜，嗜而非病者希，病而遂眚者幾。既眚既病，將
蔑其正。若存其正性，紓其妄發，其唯善戒乎。

說明宴席飲酒可因以取樂，不可耽嗜其中，蓋酒能亂性、迷人心智，一旦酗飲，小
則傷害身體，大則言行失措，焉得不謹慎小心？相同之論點亦見於其他家訓，如魏
嵇康〈家誡〉示子「慎當不困醉，不能自裁也」、西涼李暠〈手令誡諸子〉教子「節
酒慎言，喜怒必思」等，行文措辭雖然有異，然其教子節制飲酒，避免不當言行之
用心則無不同。

要之，改革過錯，勸講善端，爲家族長輩所期於子弟者，上述崇儉誡奢與節制
飲酒之教誨，雖未直接指陳世俗之弊，然家族晚輩若能奉行遵守，亦可化解社會弊

〔註69〕見〈德行篇〉第二十三則之註釋。

端於無形。綜而觀之，家長施教之主旨無不希望子弟去惡趨善，臻於健全，由點及面，社會風俗自能日漸淳厚，是知家訓除具有家庭教育之意義外，亦兼有社會教育之價值。

第四節　文學評價

　　魏晉南北朝爲中國文學之覺醒時期，不僅肯定文學之獨立地位，且專著性之理論甚多，堪稱豐碩累實之時代。揆諸家訓作品，其內容雖多述爲人處世之道，偶亦不免論及文章之事，適可爲探討此代文學理念之參考也。如梁簡文帝《誡當陽公大心書》言：

　　　　立身先必謹重，文章且須放蕩。

說明爲人與作文不同，前者當謹慎穩重，合於儀則；後者應馳騁才學，盡情表現。而宋范曄〈獄中與諸甥姪書以自敘〉則言及：

　　　　文患其事盡於形，情急於藻，義牽其旨，韻移其意。雖時有能者，大較多
　　　　不免此累，政可類工巧圖繢，竟無得也。

論述爲文之四患——事盡於形、情急於藻、義牽其旨、韻移其意。可知拘於形式，無弦外意旨；偏重辭藻，泛深遠意境；堆砌文字，淹滅要旨；強押險韻，擅動文句，乃爲文之大患，是以謀思改進之道曰：

　　　　常謂情志所託，故當以意爲主，以文傳意。以意爲主，則其旨必見；以文
　　　　傳意，則其辭不流。然後抽其芬芳，振其金石耳。此中情性旨趣，千條百
　　　　品，屈曲有成理。……性別宮商，識清濁，斯自然也。觀古今文人，多不
　　　　全了此處，縱有會此者，不必從根本中來。言之皆有實證，非爲空談。

爲文當以意爲主，而借辭以達意，待其旨意明晰，則講究辭采之華茂與音韻之諧和。由此，乃可「押其芬芳，振其金石」，使行文之形式與內容得一有機之整合。另，《顏氏家訓・文章》以爲文學源自《五經》〔註70〕，有其「敷顯仁義」、「陶冶性靈」之功用，然後之文人往往因「一事愜當，一句清巧」，而矜才傲物，陷於輕薄，是以教子爲文應思慮防範，勿強操筆：

　　　　學問有利鈍，文章有巧拙。鈍學累功，不妨精熟；拙文研思，終歸蚩鄙。
　　　　但成學士，自足爲人。必乏天才，勿強操筆。吾見世人，至無才思，自謂

〔註70〕《顏氏家訓・文章》云：夫文章者，原出五經：詔命策檄，生於《書》者也；序述
　　　　論議，生於《易》者也；歌詠賦頌，生於《詩》者也；祭祀哀誄，生於《禮》者也；
　　　　書奏箴銘，生於《春秋》者也。

清華，流布醜拙，亦以眾矣，江南號爲詅癡符。

天資才情爲文藝創作之基本要件，其優劣高下關乎文章之良窳，欠缺才華者實不可勉強爲文，自暴其短，貽人笑柄。誠不若專注學識，充實粹勵，由鈍拙而致精微，以疏寡而致廣博，成一學士便足矣。其文又曰：

> 學爲文章，先謀親友，得其評裁，知可施行，然後出手；慎勿師心自任，取笑旁人也。自古執筆爲文者，何可勝言，然至於宏麗精華，不過數十篇耳。但使不失體裁，辭意可觀，便稱才士；要須動俗蓋世，亦俟河之清乎！

以爲習作文章宜先向親友請益計量，得其裁允方可下筆。一但爲文則不可師心自用，取笑他人，亦不可自期過高，欲以動俗蓋世，則終難有成。爲文但能「不失體裁，辭意可觀」，便可稱作才士。而欲作才士，則應留意：

> 凡爲文章，猶人乘騏驥，雖有逸氣，當以銜勒制之，勿使流亂軌躅，放意塡坑岸也。文章當以理致爲心腎，氣調爲筋骨，事義爲皮膚，華麗爲冠冕。

是知措意爲文應循其法度，不可縱意脫序、任意搪塞。當以情感思想爲文章之樞機，求其氣韻才調之煥發豐盈，表現合度之情義事理，再飾以華美之辭藻，則庶幾乎可矣。

此代興榮躍動之文學風氣，除表現於進步之觀念與豐贍之理論外，更顯露於唯美之文學作品，清丁福保《全漢三國晉南北朝詩・緒言》曾論述：

> 溯自建安以來，日趨於艷。魏艷而豐，晉艷而縟，宋艷而麗，齊艷而纖，陳艷而浮。

大略描述當世文風之發展概況，乃由「質」而「文」，至於「文」勝「質」之過程〔註71〕，以其人講究語辭雕琢，文使章風格益愈華麗而流於輕靡，甚而只重外在之形式表現，而忽略內在之興寄情感，堪稱唯美文學之全盛時期。家訓作品雖發展此於浮豔華美文風之中，然因其立說對象爲自身家族子弟，屬規誡誘導性文字，是以用情懇摯、造語平易，如顏延之爲「元嘉三大家」之一，作品文辭藻麗，表現「鋪錦列繡，雕績滿眼」之文風〔註72〕，然其〈庭誥〉之作，則平實詳密，不以雕琢爲能事。又如梁簡文帝與江總善爲「宮體文學」，文風雕飾而放蕩〔註73〕，傷於輕靡，幾爲狎客之流〔註74〕，然其人〈誡當陽公大心書〉、〈自敘〉等作，亦

〔註71〕見王師夢鷗〈魏晉南北朝文學之發展〉，《傳統文學論衡》，頁131。
〔註72〕見《南史・顏延之傳》。
〔註73〕見王師夢鷗〈從雕飾到放蕩的文章論〉，《古典文學論探索》，頁148。
〔註74〕《梁書・簡文紀》載：
引納文學之士，賞接無倦，恒討論篇籍，繼以文章，……然傷於輕豔，當時號曰「宮體」。

不復淫豔浮麗之風。再者，為達誡示作用，家訓作品往往出言精警緊湊、口吻調利，不僅易於了解，且便於記誦，頗具箴體文類之特質，以下分二項論述之：

一、情感真摯，文辭樸質

昔孫權覽張紘授子之書，涕流滿面，不能自已〔註75〕，而王修〈誡子書〉亦言「父欲子善，唯不能殺身，其餘無惜」，至情流露、毫不矯飾，足以感人肺腑、動人心扉。家訓作品非經典名著，自無宏博氣勢；亦非雅麗詩篇，自難塑造意境，然其文字樸素溫婉，情思深厚真醇，使人有所感而覃思、有所悟而警覺，亦自成其文學風貌，以下分舉數例說明之〔註76〕：

其一，魏文帝曹丕〈自敘〉：

曹丕為魏代主要作家，本文主在說明自我習藝之歷程——騎射與劍術。首段描述漢末大亂，四方州牧郡守各自為謀，紛紛據地稱雄，於是展開豪強爭奪之混亂局面，天下幾無寧日，乃以簡明之文字將歷史事實作一扼要呈現。繼而言明己身因時代之動亂而學習騎射，行文委曲詳盡，自五歲、六歲、八歲、而至十歲，其藝每愈精良，歷歷在目。第三、四段且穿插對話，前者透過人物之語言往返，闡述一己習射心得，娓娓道述，充滿自信；後者則更加入物神情之烘托，敘述比較劍術之過程，亦使文辭具備生動變化之效。文末且附帶言自我備歷五經諸書，以呼應前文所謂「文武之道，各隨時而用」，則其人允文允武之才能，自為讀者所知矣。再者，其文自第二段始，以第一人稱之敘述方式，連連使用「余」字，予人以真切、自然之感，而

《南史‧後主紀》則曰：

後主愈驕，不虞外難，荒於酒色，不恤政事，左右嬖佞珥貂者五十人，婦人美貌麗服巧態以從者千餘人。常使張貴妃、孔貴人等八人夾坐，江總、孔範等十人預宴，號曰「狎客」。

〔註75〕《三國志‧魏志‧張紘傳》載：權以紘為長史，從征合肥。……紘建計宜都秣陵，權從之。令還吳迎家，道病卒。臨困，授子靖留箋曰：「自古有國家者，咸欲修德政以比隆盛世。至於其治多不馨香，非無忠臣賢佐闇於治體也，由主不勝其情弗能用耳。夫人情憚難而趨易，好同而惡異，與治道相反。傳曰：『從善如登，從惡如崩』，言善之難也。人君承奕世之基，據自然之勢，操八柄之威，甘易同之歡，無假取於人，而忠臣挾難進之術，吐逆耳之言，其不合也，不亦宜乎？雖則有覺，巧辯緣閒，眩於小忠，戀於恩愛，賢愚雜錯，長幼失序，其所由來，情亂之也。故明君悟之，求賢如飢渴，受諫而不厭，抑情損欲，以義割恩。上無偏謬之授，下無希冀之望。宜加三思，含垢藏疾，以成仁覆之大。」時年六十六，權省書流涕。

〔註76〕此代家訓為數不少，取材鳌析誠屬不易，茲因其作品風格多質樸自然，是以除《顏氏家訓》外，乃依家誡、誡子書、遺令、自敘之分類，各取一篇析論之，期能以小觀大，由近推遠，說明此代家訓之文學風貌。至於其作品內谷則列於附錄二，以資參考。

其生平之事跡亦深入讀者之腦海也。

其二，**魏嵇康〈家誡〉**：

嵇康爲正始時代重要詩人〔註77〕，以〈幽憤詩〉著名，沈德潛《古詩源》卷六云：

> 通篇直直敘去，自怨自艾，若隱若晦。

是知其人生逢亂世，遂以隱晦之筆嗟歎人生。然其〈家誡〉之作，則以自我生活之歷練教子立志守身，文字較爲明易淺白。全文篇幅雖長，然脈絡不難尋繹——先由「無志」、「非人」反面立論，強調立志之重要，然後歷數「守志不固」之弊端，句法排比，一氣呵成，讀來暢達。其後筆峰陡轉，列舉守志不貳之歷史實例，兩相對比，則守志之囪自能爲人所知。至於其餘諸段文字，則以「言」、「行」爲重點，說明秉志之生活運用，大抵不外堅守善道、謹言愼行之原則〔註78〕。其文鋪陳詳盡、面面提及，極細微之處亦不漏失，且反覆申言，叨叨絮絮，其筆端之所至，無不滿含深情，冀子明哲保身，安然處世。魯迅〈選文〉〔註79〕：

> 讀者的讀選本，自以爲是由此得了古人文筆的精華的，殊不知卻被選者縮小了眼界，即以《文選》爲例罷，沒有嵇康〈家誡〉，使讀者只覺得他是一個憤世疾俗，好像好端活得不快樂的怪人。……選本既經選者所濾過，就總只能吃他所給的糟或醨。況且有時還加以批評，提醒了他之以爲然，而抹殺了他之以爲不然處。

以爲嵇康〈家誡〉當收於《文選》之列，要亦著眼於作者以懇摯之心情著墨，流露爲人父之關愛呵護，不復隱晦嗟歎也。

其三，**西晉皇甫謐〈篤終〉**：

皇甫謐之〈篤終〉每被後人引進爲教子儉葬之典範〔註80〕，今檢視其文，立言論述堪稱詳密，茲可覽讀。文分四段，首段言明爲此遺囑之用心，乃在「略陳至懷」。第二段以排比反覆之句法入題，說明俗人貪生惡死之本性，然生不可期、死不可遽，應視之平常。進而言之，凡人既死，則魂消魄散，不復有知，是以尸藏於土乃反歸天地，何苦衣衾穢尸、棺槨隔眞？其文步步推進，演釋其理，並反問以「今生不能保七尺之軀，死何故隔一棺之土？」使文句作一改變，亦讓讀者有所省思，故第三段乃捻出節葬之說，並舉厚葬之害——或剖破棺槨、或牽曳形骸、或剝臂捋金環、

〔註77〕「正始」爲魏劭陵厲公曹芳之年號。
〔註78〕參見第五章第四節之説明。
〔註79〕見《集外集》頁191。
〔註80〕參見本章第一節。

或捫腸求珠玉，四句直陳不諱，令人怵目驚心，再加以引述張釋之言論，亦得其勸誠之效。第四段方涉及己身喪葬事宜之交代，巨細靡遺，且多用「不」、「無」二字：不設棺槨、不加纏斂、不修沐浴、不造新服；無種樹木、無問師工、無信卜噬、無拘俗言、無張神坐、無十五日朝夕上食等，足見其人力行儉葬之用心也。

其四，東晉陶潛〈與子儼等疏〉：

陶淵明為此代著名之文人，其作篤意眞古、自然渾樸，深爲世人推崇，被譽爲「古今隱逸詩人之宗」〔註81〕。〈與子儼等疏〉一文約有二重點，一以敍述自我恬淡閑靜之本性，一以教示子弟友愛手足。其文首明子夏所言「死生有命，富貴在天」之理，繼而論述己身自幼生活困頓，雖有所憾，然猶引孺仲賢妻之言稍作寬解，並回應前文之說，可謂一筆參透人世間之夭壽窮達。由是，詩人乃秉其眞純之性，躬耕田園，欣然隱居，行文任眞自然、毫不矯飾。雖樂於其中，然患疾衰損，以爲大限將至，故念念不忘子弟之生活，遂再由四海兄弟之義出發，振筆抒懷，兼於敍理，列舉歷史人物——鮑叔、管仲、班生、武舉、韓元長、氾稚春之例，說明友愛互助之重要，期於子弟有所體悟，本末並以「高山仰止，景行行止」教示後人，雖無法等同前例，猶應以心相尚。全文讀來淡雅平易，而爲人父者耿耿之情亦於字間表露無遺。

其五，北齊顏之推《顏氏家訓》：

顏氏因時代之喪亂，由南入北，且歷經梁、北齊、北周、隋等，國土淪亡、改朝換代之悲劇，是以從中淬練之人生經驗，尤爲深刻而眞切，其《家訓》二十篇，每由平日生活以及親身歷練著筆，字裡行間無不透露眞實情感。就其內容而言，分〈序致〉、〈教子〉、〈兄弟〉、〈後娶〉、〈治家〉、〈風操〉、〈慕賢〉、〈勉學〉、〈文章〉、〈名實〉、〈涉務〉、〈省事〉、〈止足〉、〈誡兵〉、〈養生〉、〈歸心〉、〈書證〉、〈音辭〉、〈雜藝〉、〈終制〉等，共二十篇，論述範圍甚廣，如爲人處世、治家教子、師友問學、針砭時弊、論述風俗、探討宗教、考據辭章等，均兼而有之。就其形式而言，主以樸素簡潔之散文行之，間或採對偶排比之方式，參差錯落，疏密有致，句勢整齊而富於變化，是以其文讀來典雅從容、音節和諧。再者，其作雖以教誡子孫爲主，然決不淪爲教條式之規範，或引經典之語，或援古今之例，正反兼敍，往復論述，啓示誘導、因勢勸說，莫不以子弟爲念，流露溫醇和煦之親情。〈文章〉云及：

> 文章當以理致爲心腎，氣調爲筋骨，事義爲皮膚，華麗爲冠冕。

以爲文章之構成要件有四——理致、氣調、事義、華麗，乃兼及文質而立說，今觀

〔註81〕見鍾嶸《詩品》。

《家訓》諸文，要能以義理情思爲主導，而輔以文彩辭藻之修飾，堪稱「甚爲典正，不從流俗」〔註82〕。《隋書・文學傳》嘗載：

> 江左宮商發越，貴於清綺；河朔詞義貞剛，重於氣質。氣質則理勝其詞，
> 清綺則文勝其意。理深者便於時用，文華者宜於詠歌。

南朝與北朝之文風迥然不同，前者綺靡豔麗、文勝其意；後者樸質剛健、理勝其辭。顏氏由南而北，濡染其間，遂能取兩用中，發爲調合之文，故能便於時用、宜於詠歌，並與酈道元《水經注》、楊衒之《洛陽伽藍記》二書，共爲北朝三部散文名著，於我國文學史佔有一席之地，實非浪得虛名。

二、出語精礐，易於記誦

《文心雕龍・銘箴》言：

> 箴者，所以攻疾防患，喻箴石也。

古人有疾，用針石治療，後人乃借以稱規誡性之文字爲箴體。褚斌杰《中國古代文體學》一書亦言及〔註83〕：

> 古人有箴文、誡文、規文一類文章，其內容均屬規勸、告誡的性質，後世
> 一般統稱之爲箴體。

就文章之體類而言，家訓因其規誡之性質，殆可以箴文視之。一般而言，箴文爲達告誡效果，每多以整齊之句法、諧和之音韻表達，使人讀來順口，便於記憶〔註84〕。由此，家訓作品除具整體性眞摯質樸之美感，亦往往有警遒菁華之句子，工巧麗致、寓意深刻，讀來韻律流暢，耐人尋味，足使文章形貌更生神理氣味，《文心雕龍・章句》嘗云：

> 夫人之立言，因字而生句，積句而成章，積章而成篇。篇之彪炳，章無疵
> 也；章之明靡，句無玷也；句之清英，字不妄也；振本而末從，知一而
> 萬畢矣。

可知鍛鍊字句、修飾文辭之重要也。以下將以家訓之主要文句爲例，分就直陳、疊敘、對偶、排比等四種修辭法〔註85〕，說明其造語練句精礐之處。

其一，直陳法——以簡明之語句表達理念，平舖直敘，淺白曉暢，如：

> 與其守寵罹禍，不若貧賤全身也。（魏中山王袞〈令世子〉）

〔註82〕《顏氏家訓・文章》言：吾家世文章，甚爲典正，不從流俗。
〔註83〕見該書，頁422。
〔註84〕見陳必祥《古代散文文體概論》，頁172。
〔註85〕以上修辭用語參見黃永武《字句緞鍊法》，頁44、48、49及董季棠《修辭學析論》，
　　　頁327、341。

夫交友之美，在於得賢，不可不詳。（魏劉廙〈誡弟偉〉）

夫孝敬仁義，百行之首，行之而立，身之本也。（魏王昶〈家誡〉）

夫人爲子之道，莫大於寶身全行，以顯父母。（魏王昶〈家誡〉）

夫禮者，生民之始教，而百世之中庸也。故力行則者爲君子，不務者終爲小人。（魏沐並〈預作終制誡子孫儉葬〉）

夫言語，君子之機，機動物應，則是非之形著矣，故不可不慎。（魏嵇康〈家誡〉）

遊道雖廣，交義爲長。得在可久，失在輕絕。久由相敬，絕由相狎。（宋顏延之〈庭誥〉）

苟善，則匹夫之子可以致王公；苟不善，則王公之子反爲凡庶，可不勉哉！（吳姚信〈誡子書〉）

爲必察其幾，舉必慎於微。知幾慮微，斯亡則稀。既察且慎，福祿攸歸。（北齊魏收〈枕中篇〉）

上智不教而成，下愚雖教無益，中庸之人，不教不知也。（北齊顏之推《顏氏家訓‧教子》）

笞怒廢於家，則豎子之過立見；刑罰不中，則民無所措手足。治家之寬猛，亦猶國焉。（北齊顏之推《顏氏家訓‧治家》）

君子當守道崇德，蓄價待時，爵祿不登，信由天命。（北齊顏之推《顏氏家訓‧省事》）

其二，**疊敍法**──以形式相同，意義相似之文句，聯貫並敍，一氣直下，能予人深刻之印象，如：

慕先賢，絕情欲，棄疑滯，……忍屈伸，去細碎，廣諮問，除嫌吝。（蜀諸葛亮〈誡外生書〉）

爲官長當清，當慎，當勤。（西晉李秉〈家誡〉）

詳審人，核眞僞，遠佞諛，近忠正。（西涼李暠〈手令誡諸子〉）

親禮國士，友接佳流，識別賢愚，鑒察邪正，然後能盡君心，收小人之力。（宋文帝〈誡江夏王義恭書〉）

欲者，性之煩濁，氣之蒿蒸，故其爲害，則燻心智，耗眞情，傷人和，犯天性。（宋顏延之〈庭誥〉）

勤學行，守基業，修閨庭，尚閒素。（齊豫章王嶷〈遺令〉）

毋傲客，毋荒怠，毋奢越，毋嫉妒；疑思問，言思審，行思恭，服思度。（北魏源賀〈遺令敕諸子〉）

其三，對偶法——相同或相反語意之文句，以類似之句法、相等之字數，使其雙偶對立，讀來諧整勻稱、緊湊有力，如：

孝敬則宗族安之，仁義則鄉黨重之。（魏王昶〈家誡〉）

勉之！勉之！勿以惡小而爲之，勿以善小而不爲。（蜀昭烈帝劉備〈遺詔〉）

非澹泊無以明志，非寧靜無以致遠。（蜀諸葛亮〈誡子書〉）

淫慢則不能勵精，險躁則不能治性。（蜀諸葛亮〈誡子書〉）

恭爲德首，愼爲行基。（西晉羊怙〈誡子書〉）

罰愼其濫，惠戒其偏。罰濫則無以爲罰，惠偏則不如無惠。（宋顏延之〈庭誥〉）

喜過則不重，怒過則不威。（宋顏延之〈庭誥〉）

不以所能干眾，不以所長議物。（宋顏延之〈庭誥〉）

見貴勝則敬重之，見貧賤則慢易之，此人行之大失，立身之大病也。（北魏楊椿〈誡子孫〉）

其四，排比法——爲對偶之擴大，惟字數不須句句相同，亦不拘於兩相對立之句勢，是能更臻周密、曲盡其義，如：

朝華之草，夕而零落；松柏之茂，隆寒不衰。（魏王昶〈家誡〉）

天地和則萬物生，君臣和則國家平，九族和則動得所求。（蜀向朗〈遺言誡子〉）

夫言行可覆，信之至也；推美引過，德之至也；揚名顯親，孝之至也；兄弟怡怡，宗族欣欣，悌之至也；臨財莫過乎讓；此五者，立身之本。（西晉王祥〈誡子孫遺令〉）

公通，可以使神明加嚮；私塞，不能令妻之移心。（宋顏延之〈庭誥〉）

言高一世，處之逾默；器重一時，體之滋沖。（宋顏延之〈庭誥〉）

酒酌之設，可樂而不可嗜；聲樂之會，可簡而不可違。（宋顏延之〈庭誥〉）

浮華怪飾，滅質之具；奇服麗食，棄素之方。（宋顏延之〈庭誥〉）

門有倚禍，事不可不密；牆有伏寇，言不可而失。（北齊魏收〈枕中篇〉）

父子之嚴，不可以狎；骨肉之愛，不可以簡。簡則慈孝不接，狎則怠慢生焉。（北齊顏之推《顏氏家訓・教子》）

兄弟不睦，則子姪不愛；子姪不愛，則群眾疏薄；群眾疏薄，則童僕為讎敵矣。（北齊顏之推《顏氏家訓・兄弟》）

儉者，省約為禮之謂也；吝者，窮急不卹之謂也。（北齊顏之推《顏氏家訓・治家》）

德藝周厚，則名必善焉；容色姝麗，則影必美焉。（北齊顏之推《顏氏家訓・名實》）

上述諸例，或直陳、或疊敘、或對偶、或排比，皆其人經驗之累積、思想之菁華，並以明潔整練之文辭表達，言簡意賅、易於誦讀，非徒施教庭內，亦足為人法式，可謂嘉言錦語，值得反覆省思，仔細玩味，如劉備「勿以惡小而為之，勿以善小而不為」，以及諸葛亮「澹泊以明志，寧靜以致遠」等，至今仍膾炙人口，廣為流傳。昔吳玠善讀史書，凡往事可師者，往往錄置座右，日積月累而牆牖皆格言〔註86〕，今觀家訓之格言名理，字字珠璣、句句菁華，且多能與時並進、不失其義蘊，使後人於行住坐臥間猶能取資借鑑，引而為修身處世之原則矣。

〔註86〕見《宋史・吳玠傳》。

第七章　結　論

第一節　繼往與開來——以《顏氏家訓》爲題

　　《顏氏家訓》作者顏之推，字介，琅琊臨沂人（今山東省臨沂縣），約生於梁武帝中大通三年（531），卒於隋文帝開皇十年（590）〔註1〕。

　　之推早傳家學，七歲能誦王逸〈靈光殿賦〉〔註2〕。九歲喪父，由兄之儀鞠育〔註3〕。十二歲時，湘東王蕭繹親授老莊，之推登門往聽，但虛談非所好，歸後博覽群書尤用心於禮傳〔註4〕。

　　梁武帝太清二年，侯景反梁，次年武帝崩，太子蕭綱立爲簡文帝。之推於此年仕湘東王，爲右常侍〔註5〕，又以軍功加封鎮西墨曹參軍，後湘東王世子出爲郢州刺史，之推隨行掌書記。

　　簡文帝大寶二年，侯景弒帝自立。次年，亂事爲王僧辯、陳霸先所平，湘東王即位於江陵，是爲元帝，之推歸附，任散騎侍郎，奏舍人事，並校訂府庫舊籍。

　　承聖三年，西魏遣萬紐、于謹攻梁，元帝遇害，之推兄弟被擄至長安。大將軍李穆甚重之，薦往弘農其兄陽平公李遠處。次年，晉安王方智即位建康，爲敬帝，而北齊則遣上黨王渙送貞陽侯蕭淵明歸梁嗣位。之推聞北齊梁使皆已返國，於是有奔齊南返之決心，時河水暴漲，之推備船載妻子，冒砥柱之險，一夜至齊，「時人稱

〔註1〕　《北齊書》、《北史》均未載其生卒年，今據繆鉞〈顏之推年譜〉，載於《眞理雜誌》第一卷第四期。
〔註2〕　見《顏氏家訓·勉學》：吾七歲時，誦〈靈光殿賦〉。
〔註3〕　見《顏氏家訓·序致》：年始九歲，便丁荼蓼……慈兄鞠養，苦辛備至。
〔註4〕　事見《北齊書·顏之推傳》。
〔註5〕　《北齊書》本傳作「左常侍」，今據〈觀我生賦〉自註改之。

其勇決」〔註6〕。後陳霸先篡梁，之推遂不得南返。

　　顏氏至齊，文宣帝高洋好之，引置內館中，侍從左右，頗被顧眄。當時北方政教嚴切，不得已而仕於北齊〔註7〕。後主時，累官中書舍人、黃門侍郎，因其人「聰穎機悟，博識有才辯，工尺牘，應對閑明」〔註8〕，為主上及左僕射祖珽所重。然當時北朝文人與武人不和，又有胡漢之爭，後祖珽為穆提婆、韓鳳所斥，外放為北徐州刺史〔註9〕。未久，侍中崔季舒等六人亦被誅，之推雖免禍亦不能自安〔註10〕。

　　後北周滅北齊，至此其已三度為亡國之人〔註11〕。靜帝時，之推為御史上士，次年，楊堅廢靜帝，是為隋文帝。開皇十年，太子禮遇之，召其為學士，旋即病逝，年約六十。

　　之推有子三人——思魯、愍楚、游秦，早年「好飲酒，多任縱，不修邊幅，時論以此少之」〔註12〕，後因遭時變亂、南北流徙，轉為謹慎斂抑，雖亡國飄零，仍不忘「整齊門內，提攜子孫」〔註13〕，撰作《家訓》以為後世法誡，而其人亦因此書而留名千古。綜觀魏晉南北朝諸多家訓作品中，最值得注意者，即為此作，明袁褧嘗之曰〔註14〕：

　　　　六朝顏之推家法最正，相傳最遠。

是知《家訓》歷經多代仍深為世人所推崇。今究其因，乃在此書能規模前人之作而取菁通變，是能高蹈前驅，昭卓傳世，以下分二項析論之：

一、就體類而言

　　如前所述，家誡（誡子書）、遺令（遺誡）、自敘等三類作品，為家訓之主要來源〔註15〕，《顏氏家訓》二十篇，首為〈序致〉，末為〈終制〉，實已類括三項來源於一書而集大成，其中〈教子〉、〈兄弟〉、〈後娶〉、〈治家〉、〈風操〉、〈慕賢〉、〈勉學〉、〈文章〉、〈名實〉、〈涉務〉、〈省事〉、〈止足〉、〈誡兵〉、〈養生〉、〈歸心〉、〈書

〔註6〕　事見《北齊書‧顏之推傳》。
〔註7〕　見《顏氏家訓‧終制》：兼以北方政教嚴切，全無隱退者故也。
〔註8〕　語見《北齊書‧顏之推傳》。
〔註9〕　事見《北齊書‧祖珽傳》。
〔註10〕《北齊書‧顏之推傳》：崔季舒等之將諫也，之推取急還宅，故不連署。及召集諫人，之推亦被喚入，勘無其名，方得免禍。而〈觀我生賦註〉則言及：故侍中崔季舒等六人諫誅，之推爾日鄰禍。
〔註11〕〈觀我生賦〉：予一生而三化，備荼苦而蓼辛。
〔註12〕見《北齊書‧顏之推傳》。
〔註13〕見《顏氏家訓‧序致》。
〔註14〕見〈庭幃雜錄〉。
〔註15〕詳見第一章第一節。

證〉、〈音辭〉、〈雜藝〉等十八篇屬「家誡」之列，而〈終制〉爲「遺令」之類、〈序致〉則可視爲「自敍」之屬。

　　就前者言，爲之推教育理念之主體，凡「立身之要，處世之宜，爲學之方」〔註16〕，均有載記。就次者言，爲其臨終遺囑，與魏文帝曹丕、沐並、西晉石苞、梁元帝、顧憲之等人之〈終制〉，名稱篇目相同，而內容則與此代其它遺令類之家訓作品一般，均主以儉葬節用〔註17〕，是知其承繼前人之跡也。就末者言，除說明撰作《家訓》之用意外，亦述己身成長歷程，用以誘誨子孫、垂示來者，與自敍類之家訓旨趣實無二致。

二、就內容而言

　　茲將《家訓》各篇大要說明如下〔註18〕：

　　〈序致〉——說明撰作《家訓》之用心，並述自我成長歷程。

　　〈教子〉——闡述自幼著手、寓愛於教、公平不偏等教子之道。

　　〈兄弟〉——論敍兄友弟恭、手足互恤之悌道。

　　〈後娶〉——以爲後母常荷虐前妻之子，爲避免悲劇產生，故教子不宜續弦。

　　〈治家〉——說明勤儉相持、寬猛相濟之治家原則。

　　〈風操〉——敍述應對、進退、取予等生活儀節及規範。

　　〈慕賢〉——期勉子弟師習古今聖賢以求精進。

　　〈勉學〉——論述爲學之意義、目的與方法等，並訓勉子弟勤篤向學。

　　〈文章〉——言明文章起源於五經，以及爲文之原則與方法。

　　〈名實〉——強調名實相符之重要，教子體道修身以立名，不可虛僞竊名。

　　〈涉務〉——以爲君子處世貴當有益於物，寧篤守一職，勿雜涉無方。

　　〈省事〉——教示子弟爲其所當爲、盡其所當盡，不作無意義之事。

　　〈止足〉——論說知止知足之道理，教誡家人不可縱欲放恣。

　　〈誡兵〉——告誡子弟應以「儒雅爲業」，不得學習武事。

　　〈養生〉——說明愼食保身、養精調氣、清心寡欲之養生方法。

　　〈歸心〉——乃顏氏歸心釋教之表白。

　　〈書證〉——依自我經驗、據正確版本，以考證書籍文字音義之正誤。

　　〈音辭〉——爲辨析聲韻而作，論述文字音義之流變與優劣。

〔註16〕見盧文弨《抱經堂刊本・序》。

〔註17〕詳見第四章第六節。

〔註18〕以下論述亦參見李師振興《新譯顏氏家訓・導論》，頁5至8。

〈雜藝〉——說明書法、繪畫、琴瑟、博弈等多種雜藝之學習。

〈終制〉——交代儉葬以及身後相關事宜等。

綜觀其書內容之所論，可謂博贍通貫、思慮周密，殆非其他單篇家訓所能企及者，近人伍振鷟曾論及〔註19〕：

> 南北朝百數十年間，教育思想堪足記述者，殆之推一人而已。

此代家訓雖多，然多單篇獨立，未若《顏氏家訓》之完整，故可釐析教育觀點者，首推此書，以下分兼具術德、注重時機、學習典範、講究致用，防範未然等五項討論之：

（一）兼具術德

顏氏以為教育之目的在啟迪心性，成其所以為人之資，故凡品德之增進、智識之充實、技藝之學習、體能之鍛鍊，皆其內容。〈序致〉言：

> 夫聖賢之書，教人誠孝，慎言檢跡，立身揚名，亦已備矣。

而〈勉學〉亦言：

> 聖人之書，所以設教。

古來聖賢之書，畢載立身、處世、為學之方，是以「明練經文」、「博覽經籍」〔註20〕，自能有所得，〈勉學〉又載：

> 士大夫子弟，數歲已上，莫不被教，多者或至《禮》、《傳》，少者不失《詩》、《論》。……明六經之旨，涉百家之書。

聖賢之書以儒家典籍為首，而五經為要，即便《家訓》行文，亦常引經以教子〔註21〕。〈治家〉曾言：

> 吾每讀聖人之書，未嘗不肅敬對之；其故紙有五經詞義，及賢達姓名，不敢穢用也。

其於經書之愛惜敬重，自能想知。而有關百家之書，如「老、莊之書，蓋全真養性」〔註22〕，亦可涉獵。另，〈雜藝〉則述及技藝之習：

> 真草書跡，微須留意。……然而此藝不須過精。……畫繪之工，亦為妙矣，自古名士，多或能之……。弧矢之利，以威天下，先王所以觀德擇賢，亦濟身之急務也。……雖然，要輕禽，截狡獸，不願汝曹為之。……卜筮者，

〔註19〕語見伍振鷟〈顏之推之人生哲學與教育思想〉，《教育研究所集刊》第二期，頁116。

〔註20〕見《顏氏家訓・勉學》及〈書證〉。

〔註21〕據林文寶〈顏之推及其思想述要〉一文之統計，《顏氏家訓》一書引用五經之次數如下：《詩》：三七；《書》：六；《禮》《周禮》：六；《儀禮》：一；《禮記》：二十；《易》：七；《春秋》：五；《左傳》十二，《穀梁傳》一《台東師專學報》第五期，頁56。

〔註22〕見《顏氏家訓・勉學》。

聖人之業也，但近世無復佳師，……但去聖既遠，……拘而多忌，亦無益也。……算術亦是六藝要事，……然可以兼明，不可以專業。……醫方之事，取妙極難，不勸汝曹以自命也。微解藥性，小小和合，居家得以救急，亦爲勝事。……《禮》曰：「君子無故不徹琴瑟。」古來名士，多所愛好。……唯不可令有稱譽，見役勳貴，處之下坐，以取殘盃冷炙之辱。……《家語》曰：「君子不博，爲其兼行惡道故也。」《論語》云：「不有博弈者乎？爲之，猶賢乎已。」然則聖人不用博弈爲教，但以學者不可常精，有時疲倦，則儻爲之，猶勝飽食昏睡，兀然端坐耳。……投壺之禮，近世愈精。……彈棋亦近世雅戲，消愁釋憒，時可爲之。

據上文所述，總計：書法、繪畫、射箭、卜筮、算術、醫方、琴瑟、博弈、投壺、彈棋等十類雜藝，偶一爲之，可調劑身心，然須適可而止，不宜過度。再者，孔子曾曰：「愛之，能勿勞乎？」〔註23〕，之推見世家子弟養尊處優，不事生產，落得「膚脆骨柔」、「體羸氣弱」，一遇動亂事，便「坐此倉猝」〔註24〕，因此主張學習勞動〔註25〕，〈勉學〉提及：

多見士大夫恥涉農商，羞務工伎，射既不能穿札，筆則才記姓名，飽食醉酒，忽忽無事，以此消日，以此終年。

而〈涉務〉亦載：

古人欲知稼穡之艱難，斯蓋貴穀務本之道也。……安可輕農事而貴末業哉？江南朝士，因晉中興，南渡江，卒爲羈旅，至今八九世，未有力田，悉資俸祿而食耳。假令有者，皆信僮僕爲之，未嘗目觀起一墢土，耘一株苗。不知幾月當下，幾月當收，安識世間餘務乎？故治官則不了，營家則不辦，皆優閒之過也。

當世貴遊子弟不僅輕視勞動、好逸惡勞，且毫無處事應事之能力，顏氏懼後輩蹈習覆轍，故誡子「食爲民天，民非食不生矣」〔註26〕，當勤於務農勞作。要之，其人所言之學習內容以聖賢之書爲主，並輔以技藝之習、勞動之行，可謂兼具術德矣。

（二）注重時機

施教學習當及早進行，不可錯過時機，古人有胎教之法，所謂：

懷子三月，出居別宮，目不斜視，耳不妄聽，音聲滋味，以禮節之。……

〔註23〕見《論語·憲問》。
〔註24〕見《顏氏家訓·涉務》。
〔註25〕見任時先《中國教育史》，頁140。及余書麟《中國教育史》，頁403。
〔註26〕見《顏氏家訓·涉務》。

生子咳啼，師保固明孝仁禮義，導習之矣。凡庶縱不能爾，當及嬰稚，識
人顏色，知人喜怒，便加教誨，使爲則爲，使止則止。

自幼教之，則「少成若天性，習慣如自然」〔註27〕，一切規則禮儀、知識學問之習，
宛如天性自然，不需多費工夫，〈勉學〉言：

人生小幼，精神專利，長成以後，思慮散逸，固須早教，勿失良機。……
幼而學者，如日出之光，老而學者，如秉燭夜行。

而〈慕賢〉亦云：

人在年少，神情未定，所與款狎，薰漬陶染，言笑舉動，無心於學，潛移
暗化，自然似之，何況操履藝能，較明易習者也。

幼年時期，性情純潔，可塑性高，且精神利於專一，或耳濡目染，而得潛移默化之
功；或專心學習，而有事半功倍之效，故施教當早，方不致有「時過然後學，則勤
苦而難成」之憾〔註28〕。

（三）學習典範

〈勉學〉言：

不師古之蹤跡，猶蒙被而臥耳。

又言：

人見鄰里親戚有佳快者，使子弟慕而學之，不知使學古人，何其蔽也
哉？……爰及農商工賈，廝役奴隸，釣魚屠肉，飯牛牧羊，皆有先達，可
爲師表，博學求之，無不利於事也。

古來之人所以立身處世、作學問道，乃至雜藝技巧之方，均爲經驗智慧之累積，足
爲後人師表，擇而習之，必有助益，如〈勉學〉所載：

未知養親者，欲其觀古人之先意承顏，怡聲下氣，不憚劬勞，以致甘腴，
惕然慚懼，起而行之也。未知事君者，欲其觀古人之守職無侵，見危授命，
不忘誠諫，以利社稷，惻然自念，思欲效之也。素驕奢者，欲其觀古人之
恭儉節用，卑以自牧，禮爲教本，敬者身基，瞿然自失，斂容抑志也。素
鄙吝者，欲其觀古人之貴義輕財，少私寡欲，忌盈惡滿，賙窮卹匱，赧然
悔恥，積而能散也。素暴悍者，欲其觀古人之小心黜己，齒弊舌存，含垢
藏疾，尊賢容眾，茶然沮喪，若不勝衣也。素怯懦者，欲其觀古人之達生
委命，彊毅正直，立言必信，求福不回，勃然奮厲，不可恐懼也。

夫人之秉性不一，而受教之內涵亦不同——不知養親者，則教以孝順之道；不知報

〔註27〕均見《顏氏家訓·教子》。
〔註28〕見《禮記·學記》。

國者，則教以盡忠之道。驕奢者，使之恭儉；吝鄙者，使之寬卹；暴悍者，使之斂抑；怯懦者，使之彊毅。凡此種種，均可由古來聖賢之言行舉止習得，是以師古效古爲吾人學習之最佳方法矣。至於當世賢人，亦足景仰，宜擇優於我者而貴之，〈慕賢〉提及：

> 儻遭不世明達君子，安可不攀附景仰乎？

「三人行，必有我師焉」，今之賢者猶古之聖人，自當思習效慕，萬不可「貴耳賤目，重遙輕近」〔註29〕，蓋爲學問道，應有良師益友，勸勉砥礪，以求精進，〈勉學〉載：

> 《書》曰：「好問則裕。」《禮》云：「獨學而無友，則孤陋而寡聞。」蓋須切磋相起明也。

閉門讀書，師心自是，無人淬礪琢磨，其謬誤差失必多，是以畫地自限、拘於一格，實爲憾事，誠不若師古慕賢，習效典範。

（四）講究致用

學習臻於致用，以求應世經務，爲顏氏所諄諄在意者，〈勉學〉載：

> 世人讀書者，但能言之，不能行之，忠孝無聞，仁義不足，加以斷一條訟，不必得其理；宰千戶縣，不必理其民；問其造屋，不必知楣橫而梲豎也；問其爲田，不必知稷早而黍遲也；吟嘯談謔，諷詠辭賦，事既優閑，材增迂誕，軍國經綸，略無施用。

乃針砭當世讀書人無法學以致用之失，蓋浮學不實，徒學不用，未能「行道以利世」，雖學何用？是以當區別本末，博聞精取，〈勉學〉言之甚明：

> 古之學者爲人，行道以利世也；今之學者爲己，修身以求進也。夫學者猶種樹也，春玩其華，秋登其實。講論文章，春華也；修身利行，秋實也。

又言：

> 當博覽機要，以濟功業。必能兼美，吾無間焉。

爲學當廣覽知識，取其菁華，並以修身利行、施於世務爲本；文辭章句〔註30〕、令譽厚祿爲末，所謂「德藝周厚，則名必善焉」即此之理〔註31〕。

（五）防範未然

教育之積極目的在啓迪心性、多方涉知、通達事理，以使行誼合度，進而爲朝

〔註29〕 各見《論語・述而》、《顏氏家訓・慕賢》。
〔註30〕 《顏氏家訓・文章》：夫文章者，原出五經：……朝廷憲章，軍旅誓誥，敷顯仁義，發明功德，牧民建國，施用多途。至於陶冶性靈，從容諷諫，入其滋味，亦樂事也。行有餘力，則可習之。
〔註31〕 見《顏氏家訓・名實》。

廷之臣、文史之臣、軍旅之臣、蕃屏之臣、使命之臣、興造之臣〔註32〕，施於世用，利於家國。不然，亦可謀職安身、健全體魄，〈勉學〉載：

> 人生在世，會當有業：農民則計量耕稼，商賈則討論貨賄，工巧則致精器用，伎藝則沉思法術，武夫則慣習弓馬，文士則講議經書。……有學藝者，觸地而安。自荒亂以來，諸見俘虜。雖百世小人，知讀《論語》、《孝經》者，尚為人師。……縱不能增益德行，敦厲風俗，猶為一藝，得以自資。

由此可知教育之消極目的在謀職安身，縱不能增進德行，敦風化俗，亦能隨地自保，更何況〔註33〕：

> 父兄不可常依，鄉國不可常保，一旦流離，無人庇蔭，當自求諸身耳。

人生之學習不外使其獨立自主、自立更生，縱不能達經世致用之積極意義，要亦退求自保，不為世累。

綜上所述，之推所論教育之內容係兼具術德，而方法則在掌握時機、學習典範，以達施於致用、防範未然之目的，可謂思慮深密矣。清黃叔琳《顏氏家訓節鈔本·序》言及：

> 人之愛其子孫也，何所不至哉！愛之深，故慮焉而周；慮之周，故語焉而詳。詳於口者，聽過而忘，又不如詳於書者，足以垂世而行遠，此家訓所為作也。然歷觀古人詔其後世之語，往往未滿人意。叔夜〈家誡〉，骯髒逢時，以拒巨源交，而又幸其子之不孤；淵明〈責子〉，付之天理，但以杯中之物遣之；王僧虔慮其子不曉言家口實，徐勉屑屑以田園為念；……彼數賢者，豈慮之不周，語之不詳哉？識有所不足，而愛有所偏徇故也。余觀《顏氏家訓》二十篇，可謂度越數賢者矣。其誼正，其意備。其為言也，近而不俚，切而不激。自比於傅婢寡妻，而心苦言甘，足令頑秀並遵，賢愚共曉。宜其孫曾數傳，節義文章，武功吏治，繩繩繼起，而無負斯訓也。

乃言口頭告誡不如示諸文字入人之深，如嵇康〈家誡〉、陶潛〈責子詩〉、王僧虔〈誡子書〉、徐勉〈誡子崧書〉等均為名篇，惜諸作猶有未逮人意者，則在其人之立言訓子，難於周遍，如〈家誡〉之文用語含蓄屈曲，執於謹慎；〈責子詩〉寄意天命，只得借酒遣愁；而王氏〈誡子書〉則多言清談之資，以教子往來應酬；徐氏〈誡子崧書〉偏於經營莊園之事，以為寄意頤養之用，此四者皆未若《顏氏家訓》觀照層面之宏富。此外，顏氏之文誼正意備、雅潔從容，讀來樸實義暢、雋永動人，是知該

〔註32〕 見《顏氏家訓·涉務》。
〔註33〕 均見《顏氏家訓·勉學》。

書無論於內容、體製、風格等均遠超前人之成就，足爲後世撰作家訓者之典範。

第二節　回顧與檢討

魏晉南北朝家訓前承三代兩漢以來教示子孫、期於家和國治之古有傳統；後因士族門閥活絡當世，而官學教育卻屢興屢廢，彼輩爲維繫家世之傳承與門戶之不墜，甚爲注重子弟之家庭教育，是以撰述風氣盛行，爲我國家訓蓬勃發展之時期，且別具推尊門戶、讚頌祖德、注重教子、肯定母教、品評人物、明哲保身等時代之精神特質，可視爲展現此代家庭教育與社會文化之重要文獻。

《左傳》隱公三年載：

> 愛子，教之以義方，弗納於邪。

是知家族長輩對於後世子孫，莫不眞心關愛、殷勤教誡，其中用意，無非希望後人生活更充實、生命有意義。要之，此代家訓因長者之切切施教而深具肯定教育、鼓勵學習之意義，如魏殷褒〈誡子書〉言：

> 朝益慕習。

乃勸誡子弟勤篤向學，而魏王昶〈家誡〉亦言：

> 或危身破家，陷於滅亡之禍者，何也？由所祖習非其道也。

說明唯有正確之學習，方可使行誼合度，避免舛誤。蜀諸葛亮〈誡子書〉則曰：

> 夫學須靜也，才須學也，非學無以廣才，非志無以成學。

亦勸子弟立志於學，因人之稟賦宛如金玉木石，須經學習之鍛鍊琢磨，乃得煥發光彩美姿，更何況人爲萬物之首，秉性而生，欲成其所以爲人之要，捨學習實無他途矣。《顏氏家訓·教子》言之甚明：

> 上智不教而成，下愚雖教無益，中庸之人，不教不知也。

上智之人生而明理，不學而知之；下愚之人冥頑不靈，雖教而無用，是以二者皆無恃於學，然此類人物畢竟少數，一般中等之人均當受教以啓發心智，〈勉學〉載：

> 孝爲百行之首，猶須學以修飾之，況餘事乎！

凡事大小皆由教育學習而來，即使貴爲聖明帝王亦不例外，〈勉學〉言及：

> 自古明王聖帝，猶須勤學，況凡庶乎！

又言：

> 伎之易習而可貴者，無過讀書。

是知受教讀書最易，而收效亦多，〈名實〉載之：

> 勸一伯夷，而千萬人立清風矣；勸一季札，而千萬人立仁風矣；勸一柳下

惠，而千萬人立貞風矣。故聖人欲其魚鱗鳳翼，雜沓參差，不絕於世，豈
不弘哉。

良好之教育可使人立其身、處其世，亦可敦化社會風氣，其意義可謂弘大。由此，
家族長輩苦心撰作家訓，莫不期於子弟有所習效，臻於完善。

整體而言，魏晉南北朝之家訓並未發展出系統性之教育理論，然其施教之目的、
內容、方法等，則仍可清楚釐析，茲分三點論述如后：

一、就施教目的而言

受教學習之目的主在開啓心性，修養道德，成為身心良好之子弟，誠如《顏氏
家訓・勉學》所言：

夫所以讀書學問，本欲開心明目，利於行耳。

有良好之個體，家庭遂得健全，社會、國家亦隨之和諧安寧。蓋天下之本在國，國
之本在家，家之本在人，此由修身、齊家，而治國、平天下之內聖外王學，為我國
傳統之文化思想，而重視家庭與宗族，即此種思想所蘊育之精神內涵，有其厚植本
根、層層相因之優點，《周易・家人》象辭曰：

〈家人〉，女正位乎內，男正位乎外，男女正，天地之大義也。〈家人〉有
嚴君焉，父母之謂也。父父、子子、兄兄、弟弟、夫夫、婦婦，而家道正，
正家而天下定矣。

是知傳統家族之功能不僅包涵安邦定國之方法，且有天地男女之大義，其意義與價
值自非個人所能比擬，文中所謂「父父、子子、兄兄、弟弟、夫夫、婦婦」之和諧
關係，則為端正家道之首要條件，蜀向朗〈遺言誡子〉即言：

天地和則萬物生，君臣和則國家平，九族和則動得所求。……貧非人患，
惟和為貴。

「家和萬事興」為傳統家族所堅持之信念，而為敦睦家族，往往要求成員以大體為
重，故常忽略其個別性之發展，近人宋光宇談論中國與歐美社會結構之差異嘗言及
〔註34〕：

中國人是以「家族」為社會結構的基礎，個人相對的變得不重要。個人（主
要指男人）的天賦就是要維繫住家族傳承於不墜。

維繫家族傳承之正常運作為每一家族成員之重要課題，而家訓作品所教示用以「和
家」之倫常禮法，自為家族子弟之學習重點，尤其魏晉南北朝時期講究家族門第，

〔註34〕 見宋光宇〈試論明清家訓所蘊含的成就評價與經濟倫理〉，《漢學研究》第七卷第一
期，頁 212。

世家大族無不竭力維持既有之權勢與利益，其家訓所欲塑造者乃在足以承繼家學、家風之賢良子弟，是以施教學習之目的自然在於保家全族、維持門戶，而少能有自我專長之發揮。

二、就施教內容而言

學習之目的既在修養品德、和睦家族，是以施教之內容自以德行爲主，魏王修〈誡子書〉曾提及：

> 欲汝早之，未必讀書，並學作人。

文中所言之「學作人」，實爲家族長輩撰作家訓所欲積極教授子弟者。近人蔡信發論及賢哲誡子之範疇曰〔註35〕：

> 誡子繼志……誡子施愛……誡子謹言……誡子尚和……誡子從師……誡子勤儉……誡子尊賢……誡子薄葬……。

而陳捷先探討家訓教子盡孝道之訓示則有〔註36〕：

> 重教養……尚勤儉……謹言語……慎交遊……禁賭博……誡酗酒……遠女色……。

另，宋光宇說明古人爲維持家族和諧，多於家訓教示子孫以下述重點〔註37〕：

> 崇孝道、重教養、齊家政、正禮節、務讀書、明德行、謹語言、慎交遊、處世事。

上述三者所列舉之項目乃以道德學問、禮法規儀爲主，此爲中國傳統家庭教育之特色，而魏晉南北朝家訓作品所論之內容大抵亦不離此範圍，諸如〔註38〕：

> 修身方面——講究立志高遠、淡泊知足、秉持操守；
>
> 治家方面——要求嚴謹不苟、勤儉素樸、恪遵倫常；
>
> 爲學方面——必須珍惜寸陰、勤勉不懈、博聞而精；
>
> 處世方面——留心謙遜不驕、謹言慎行、擇其所交；
>
> 敬業方面——注重盡忠職守、廉潔清白、秉公無私；

上述五方面之學習，無一不由德行品格著手，進而以道德禮法規範之，以此教誡子弟，每有情操高尚、安守本分之成效。然偏重德行修養之教育內涵，於技能才藝之學習則鮮少論述，偶有提及者，則教以「行有餘力」之原則從事，由此觀之，此代

〔註35〕見蔡信發〈誡子叢說〉，《孔孟月刊》第二十卷第十期，頁45至48。
〔註36〕見陳捷先〈從族譜家訓看家〉，《歷史月刊》第十二期，頁45至46。
〔註37〕見宋光宇〈試論明清家訓所蘊含的成就評價與經濟倫理〉，《漢學研究》第七卷第一期，頁211。
〔註38〕參見第四章各節所述。

家長於子弟人品之重視實更甚於技藝之求取矣。

三、就施教方法而言

由「訓」、「誡」、「誨」、「命」、「令」、「示」、「敕」、「誥」等名稱觀之，家訓之施教方式多以單向之勸誡或教訓為主，正如《說文》釋「父」字之言曰：

> 父，矩也，家長率教者，從又舉杖也。

乃著意於「教」之作用，是以子弟之學習方法無形中亦演為單方面之接受與吸收，少有雙方性之溝通與理解，茲以此代家訓之用語為例，作一說明：

> 古人有言，思不出其位，爾其念之，爾其念之。（魏殷褒〈誡子書〉）

> 夫酒，……禍變之興，常於此作，所宜深慎。（魏王肅〈家誡〉）
> 苟善，則匹夫之子可以致王公；苟不善，則王公之子反為凡庶，可不勉哉！（吳姚信〈誡子書〉）

> 吾少受先君之教，……纂乃父之教，各諷誦之。（西晉羊祜〈誡子書〉）
> 《詩》曰：「高山仰止，景行行止。」雖不能爾，至心尚之。汝其慎哉，吾復何言！（東晉陶淵明〈與子儼等疏〉）

> 汝等雖年未至大，若能克己纂修，比之古人，亦可以當事業矣。苟其不然，雖至白首，亦復何成！汝等其誡之慎之。（西涼李暠〈手令誡諸子〉）
> 且經史道德如採菽中原，勤之者則功多，汝等可不勉哉！（西涼李暠〈寫諸葛亮訓誡應璩奉諫以勖諸子〉）

> 至於爾時安危天下，決汝二人，勿忘吾言。（宋文帝〈誡江夏王義恭書〉）
> 《記》云：「夫孝者，善繼人之志，善述人之事。」今且望汝全吾此志，則無所恨矣。（梁徐勉〈誡子崧書〉）

> 汝等能記吾言，百年之後，終無恨矣。（北齊楊椿〈誡子書〉）

> 異乎勇進忘退，苟得患失，射千金之產，邀萬鍾之秩，投烈風之門，趣炎火之室，載蹶而墜其貽宴，或蹲乃喪其貞吉。可不畏歟！可不誡歟！（北齊魏收〈枕中篇〉）

> 吾始乎幼學，及於知命，既崇周、孔之教，兼循老、釋之談，江左以來，斯業不墜，汝能修之，吾之志也。（北周王褒〈幼訓〉）

上述措辭，或以「念之」、「勉之」、「畏之」、「慎之」、「誡之」；或教子「全其志」、「記

其言」等，均顯現尊長教誨之期許深重，並期子弟能聽從遵循，進而固守家業，以為賢良後代；其不能者，則為不肖子孫。由此可知，家訓作品所要求之學習方式，主在依遵順從，而其旨則在擷取前人智慧經驗之優點，充實個人之德行生命矣。

　　總之，魏晉南北朝之家訓雖未發展出理論性之思想體系，且其施教之目的、內容、方法等，亦多以德行之訴求為主。然而，各家族長輩表現於治家教子之凡心俗情，要亦其人豐富學識與寶貴經驗之累積，為此代家庭教育之智慧結晶，深具教育上，經驗相授、啟示誘導；倫理上，揭示綱常、家風淳厚；社會上，反省世風、泯除弊端；文學上，文辭樸質、易於記誦等各方面之價值與意義〔註39〕，故能於波詭雲譎之時代產生穩定作用，使各家族歷經改朝換代之艱辛，猶能屹然存在。其人教子之初衷宛如滾滾江河奔騰而來，灌溉、滋潤家族子孫之心靈，雖施於一家之訓誡，然作為修身處世之道理，誠為後代世人堪可取資而遵循不渝之原則矣。

〔註39〕參見第六章各節所述。

主要參考書目及論文

一、專書部分

二　畫

1. 《二十二史箚記》，（清）趙翼，（台北）華世出版社。
2. 《十三經註疏‧論語》，（唐）孔穎達等，（台北）藝文印書館。
3. 《十三經註疏‧孟子》，（唐）孔穎達等，（台北）藝文印書館。
4. 《十三經註疏‧詩經》，（唐）孔穎達等，（台北）藝文印書館。
5. 《十三經註疏‧禮記》，（唐）孔穎達等，（台北）藝文印書館。
6. 《十三經註疏‧儀禮》，（唐）孔穎達等，（台北）藝文印書館。
7. 《十三經註疏‧周禮》，（唐）孔穎達等，（台北）藝文印書館。
8. 《十三經註疏‧孝經》，（唐）孔穎達等，（台北）藝文印書館。
9. 《十三經註疏‧尚書》，（唐）孔穎達等，（台北）藝文印書館。
10. 《十三經註疏‧左傳》，（唐）孔穎達等，（台北）藝文印書館。
11. 《十三經註疏‧易經》，（唐）孔穎達等，（台北）藝文印書館。
12. 《十六國春秋》，（北魏）崔鴻，（台北）台灣中華書局。
13. 《九品中正與六朝門閥》，楊筠如，（上海）上海書店。
14. 《人物志》，（魏）劉劭，（台北）新文豐出版公司。

三　畫

1. 《士人與社會（秦漢魏晉南北朝卷）》，劉澤華等，（天津）人民出版社。
2. 《三國志》，（西晉）陳壽，（台北）鼎文書局。

四　畫

1. 《今日社會學學說（下）》，索羅金著、黃文山等譯，（台北）台灣商務印書館。

2. 《文心雕龍》，（南朝梁）劉勰，（台北）藝軒出版社。

3. 《中古門第論集》，何啓民，（台北）台灣學生書局。

4. 《今古家訓禮儀千則》，王志榮編，（北京）北京廣播學院出版社。

5. 《太平御覽》，（北宋）李昉等，（台北）台灣商務印書館。

6. 《太平廣記》，（北宋）李昉等，（台北）新興書局。

7. 《中西交通史（上）》，方豪，（台北）中國文化大學出版部。

8. 《日知錄》，（清）顧炎武，（台北）世界書局。

9. 《文苑英華》，（北宋）李昉等編，（台北）台灣商務印書館。

10. 《中國女子教育史》，雷浪波、陳陽鳳、熊賢軍等，（武漢）武漢出版社。

11. 《中國文化之精神價值》，唐君毅，（台北）正中書局。

12. 《中國文化史（中）》，柳詒徵，（台北）正中書局。

13. 《中國文化史（上）》，陳登原，（台北）世界書局。

14. 《中國文化要義》，梁漱溟，（台北）里仁書局。

15. 《中國文化精神的探索》，李師威熊，（台北）黎明文化公司。

16. 《中國文化復興論叢（八）》，中華文化復興運動委員會。

17. 《中國文學史（上）》，葉慶炳，（台北）台灣學生書局。

18. 《中國文學發展史》，劉大杰，（台北）華正書局。

19. 《中國古代文體學》，褚斌杰，（台北）台灣學生書局。

20. 《中國古代社會》，何茲全，（河南）人民出版社。

21. 《中國中古社會史論》，毛漢光，（台北）聯經出版公司。

22. 《中國古代等級社會》，葛承雍，（陝西）人民出版社。

23. 《中國年曆總譜（上、下編）》，董作賓，（香港）香港大學出版社。

24. 《中國社會史研究概述》，馮爾康等，（台北）谷風出版社。

25. 《中國社會史料叢鈔（上）》，瞿宣穎，（上海）上海書屋。

26. 《中國社會政治史（二）》，薩孟武，（台北）三民書局。

27. 《中國的家庭與倫理》，張懷承，（北京）中國人民大學出版社。

28. 《中國風俗史》，張亮采，（上海）上海書店。

29. 《中國風俗史》，鄧子琴，（成都）巴蜀書社。

30. 《中國家訓》，陳捷先、盛清沂編，（台北）行政院文化建設委員會。

31. 《中國家庭與倫理》，楊懋春，中華文化復興運動委員會。

32. 《中國家族制度》，吳自甦，（台北）台灣商務印書館。

33. 《中國家族制度史》，徐揚杰，（北京）人民出版社。

34. 《中國家族社會之演變》，高達觀，（台北）正中書局。

35. 《中國哲學史（二）》，勞思光，（香港）中文大學崇基書院。

36. 《中國婦女生活史》，陳東原，（台北）台灣商務印書館。

37. 《中國教育史》，王鳳喈，（台北）正中書局。

38. 《中國教育史》，余書麟，（台北）師大出版組。

39. 《中國教育史》，陳青之，（台北）台灣商務印書館。

40. 《中國教育史》，陳東原，（台北）台灣商務印書館。

41. 《中國教育史》，毛禮銳、邵鶴亭、瞿菊農等，（台北）五南圖書出版公司。

42. 《中國教育史》，胡美琦，（台北）三民書局。

43. 《中國教育思想史》，郭齊家，（台北）五南圖書出版公司。

44. 《中國教育通史（第二卷)》，毛禮銳、沈灌群，（山東）山東教育出版社。

45. 《中國商業史》，王孝通，（台北）台灣商務印書館。

46. 《中國喪葬禮俗》，徐吉軍、賀雲翱，（浙江）人民出版社。

47. 《中國選士制度史》，劉虹，（湖南）教育出版社。

48. 《中國歷代之興治盛衰亂亡》，陳佳榮著、司馬殤編，（香港）學津書店。

49. 《中國歷代名人家訓精粹》，包東波選注，（安徽）文藝出版社。

50. 《中國歷代政治得失》，錢穆，（台北）東大圖書公司。

51. 《中國歷史紀年表》，萬國鼎，（台北）鼎文書局。

52. 《中國歷代家訓大觀》，尚詩公主編，（上海）文匯出版社。

53. 《中國歷代家訓集錦》，吳言生、瞿博，（陝西）三秦出版社。

54. 《中國學術思想史論叢（三）》，錢穆，（台北）東大圖書股份有限公司。

55. 《中國隱士與中國文化》，蔣星煜，（上海）中華書局。

56. 《六朝史》，張承宗等，（江蘇）古籍出版社。

57. 《五朝門第（上）、（下)》，王伊同，（香港）中文大學出版社。

58. 《六朝思想史》，孫述圻，（南京）南京出版社。

59. 《六朝服食風氣與詩歌》，顏進雄，（台北）文津出版社。

60. 《水經注》，（北魏）酈道元，（台北）藝文印書館。

61. 《孔叢子》，（秦）孔鮒，（台北）台灣商務印書館。

62. 《文獻通考》，（元）馬端臨，（上海）商務印書館。

五　畫

1. 《古文苑》，（北宋）章樵，（台北）台灣商務印書館。

2. 《古今家訓新編》，史孝貴主編，（上海）華東師範大學出版社。

3. 《北史》，（唐）李延壽，（台北）鼎文書局。

4. 《古代家書選》，陳桂芬、周中仁、戴啓予編注，（廣西）人民出版社。

5. 《古代散文文體概論》，陳必祥，（台北）文史哲出版社。

6. 《古典文學論探索》，王師夢鷗，（台北）正中書局。

7. 《史記》，（西漢）司馬遷，（台北）鼎文書局。

8. 《史通》，（唐）劉知幾，（北京）中華書局。

9. 《北堂書鈔》，（唐）虞世南，（台北）新興書局。

10. 《世說新語箋疏》，（南朝宋）劉義慶原著、余嘉錫箋疏，（台北）華正書局。

11. 《世說新語校箋》，（南朝宋）劉義慶原著、徐震堮校箋，（香港）中華書局。

12. 《古詩源》，（清）沈德潛，（台北）台灣商務印書館。

13. 《北齊書》，（唐）李百藥，（台北）鼎文書局。

14. 《玄學與魏晉士人心態》，羅宗強，（浙江）人民出版社。

六　畫

1. 《全上古三代秦漢三國六朝文》，（清）嚴可均輯，（台北）宏業書局有限公司。

2. 《老子周易王弼注校釋》，樓宇烈，（台北）華正書局。

3. 《呂氏春秋》，（東周）呂不韋，（台北）中華書局。

4. 《字句鍛鍊法》，黃永武，（台北）台灣商務印書館。

5. 《先秦漢魏晉南北朝詩》，逯欽立輯校，（北京）中華書局。

6. 《全漢三國晉南北朝詩》，（清）丁福保，（台北）藝文印書館。

七　畫

1. 《宋史》，（元）脫脫等，（台北）鼎文書局。

2. 《宋書》，（南朝梁）沈約，（台北）鼎文書局。

3. 《困學紀聞》，（北宋）王應麟、（清）翁元圻輯，（台北）中華書局。

4. 《初學記》，（唐）徐堅等，（台北）鼎文書局。

八　畫

1. 《抱朴子》，（東晉）葛洪，（台北）廣文書局。

2. 《周書》，（唐）令狐德棻等，（台北）鼎文書局

3. 《東晉門閥政治》，田余慶，（北京）北京大學出版社。

4. 《兩晉南北朝士族政治之研究》，（台北）中國學術著作獎助委員會。

5. 《兩晉南北朝史（上）、（中）、（下）》，呂思勉，（台北）台灣開明書店。

6. 《兩晉南北朝歷史論文集（上）、（中）、（下）》，李則芬，（台北）台灣商務印書館。

7. 《兩晉南朝的士族》，蘇紹興，（台北）聯經出版公司。

8. 《兩晉南朝政治史稿》，陳長琦，（河南）河南大學出版社。

9. 《抱經堂叢書》，（清）盧文弨，（北京）直隸書局。

10. 《金樓子》，（南朝梁）蕭繹撰（清）謝章鋌校，（台北）世界書局。

11. 《金樓子校注》，許德平，（台北）嘉新水泥公司文化基金會。

九　畫

1. 《癸巳存稿》，（清）俞正燮，（台北）台灣商務印書館。

2. 《南史》，（唐）李延壽，（台北）鼎文書局。

3. 《南北朝史話》，程應鏐，（北京）北京出版社。

4. 《南北朝經濟史略》，韓國磐，（福建）廈門大學出版部。

5. 《昭明文選》，（南朝梁）蕭統編（唐）李善等註，（台北）漢京文化事業公司。

6. 《南朝宋會要》，（清）朱銘盤，（上海）古籍出版社。

7. 《南朝梁會要》，（清）朱銘盤，（上海）古籍出版社。

8. 《南朝陳會要》，（清）朱銘盤，（上海）古籍出版社。

9. 《南朝齊會要》，（清）朱銘盤，（上海）古籍出版社。

10. 《南齊書》，（南朝梁）蕭子顯，（台北）鼎文書局。

11. 《後漢紀》，（東晉）袁宏，（台北）華正書局。

12. 《後漢書》，（南朝宋）范曄，（台北）鼎文書局。

十　畫

1. 《荀子》，（周）荀況，（台北）木鐸出版社。

2. 《晉書》，（唐）房玄齡，（台北）鼎文書局。

3. 《庭幃雜錄》，（明）袁袠等，（台北）新文豐出版公司。

4. 《秦漢魏晉南北朝教育制度》，楊承彬，（台北）台灣商務印書館。

5. 《修辭學析論》，董季棠，（台北）文史哲出版社。

十一畫

1. 《莊子》，（周）莊周，（台北）木鐸出版社。

2. 《教子詩文選》，王曉祥，（山東）教育出版社。

3. 《通志》，（南宋）鄭樵，（台北）台灣商務印書館。

4. 《通典》，（唐）杜佑，（台北）台灣商務印書館。

5. 《教育史》，田培林，（台北）正中書局。

6. 《梁書》，（唐）姚思廉，（台北）鼎文書局。

7. 《陳書》，（唐）姚思廉，（台北）鼎文書局。

8. 《陶淵明之人品與詩品》，陳怡良，（台北）文津出版社。

9. 《陶淵明集》，逯欽立，（香港）中華書局。

10. 《國語》，（周）左丘明，（台北）里仁書局。

11. 《族譜家訓集粹》，行政院文化建設委員會主編，（台北）聯經出版公司。

十二畫

1. 《隋書》，（唐）長孫無忌等，（台北）鼎文書局。
2. 《華陽國志》，（成漢）常璩，（台北）台灣商務印書館。

十三畫

1. 《傳世家訓》，楊曉婷編，（台北）絲路出版社。
2. 《逸周書》，（台北）藝文印書館。
3. 《資治通鑑》，（北宋）司馬光，（台北）華世出版社。
4. 《詩品》，（南朝齊）鍾嶸，（台北）台灣開明書店。
5. 《新唐書》，（北宋）歐陽修，（台北）鼎文書局。
6. 《新譯顏氏家訓》，李師振興等，（台北）三民書局。
7. 《傳統文學論衡》，王師夢鷗，（台北）時報文化出版公司。

十四畫

1. 《誡子通錄》，（南宋）劉清之輯，（台北）台灣商務印書館。
2. 《說文解字》，（東漢）許慎，（台北）漢京文化事業公司。
3. 《說苑》，（西漢）劉向，（台北）台灣商務印書館。
4. 《漢書》，（東漢）班固，（台北）鼎文書局。
5. 《漢魏六朝百三家集》，（明）張溥，（台北）文津出版社。

十五畫

1. 《墨子》，（周）墨翟，（台北）新文豐出版公司。
2. 《魯迅全集》，魯迅，（北京）人民文學出版社。

十六畫

1. 《歷史上的家長制》，王玉波，（台北）谷風出版社。
2. 《歷代名人家書》，（西漢）孔臧等，（台北）台灣學生書局。
3. 《歷代名人家書選》，冀東、村夫，（山西）人民出版社。
4. 《歷代自敘傳文鈔（上、下冊）》，郭登峰編，（台北）台灣商務印書館。
5. 《歷代家訓選注》，史孝貴主編，（上海）華東師範大學出版社。
6. 《巢氏諸病源候總論》，（隋）巢元方，（台北）台灣商務印書館。

十七畫

1. 《韓詩外傳》，（西漢）韓嬰，（台北）藝文印書館。

十八畫

1. 《顏氏家訓集解》，王利器，（台北）明文書局。
2. 《顏氏家訓彙註》，周法高，（台北）中央研究院歷史語言研究所。

3. 《顏氏家訓斠補》，王叔岷，（台北）藝文印書館。

4. 《魏書》，（北齊）魏收，（台北）鼎文書局。

5. 《魏晉三大思潮論稿》，田文棠，（陝西）人民出版社。

6. 《魏晉玄談》，孔繁，（遼寧）教育出版社。

7. 《魏晉南北朝文學思想史》，張仁青，（台北）文史哲出版社。

8. 《魏晉南北朝史》，王仲犖，（上海）人民出版社。

9. 《魏晉南北朝史研究》，中國魏晉南北朝史學會，（四川）社會科學院出版社。

10. 《魏晉南北朝史綱》，韓國磐，（湖北）人民出版社。

11. 《魏晉南北朝史論稿》，楊耀坤，（成都）成都出版社。

12. 《魏晉南北朝研究論集》，廓士元（台北）文史哲出版社。

13. 《魏晉南北朝教育制度史資料》，程舜英，（北京）北京師範大學。

14. 《魏晉南北朝隋唐經濟史稿》，李劍農，（台北）華世出版社。

15. 《魏晉思想史》，許抗生，（台北）桂冠圖書公司。

16. 《魏晉思想與談風》，何啓民，（台北）台灣學生書局。

17. 《魏晉思想論》，劉修士，（台北）里仁書局。

十九畫

1. 《藝文類聚》，（唐）歐陽詢，（台北）新興書局。

二十四畫

1. 《鹽鐵論》，（西漢）桓寬，（台北）新文豐出版公司。

二、論文部分

二　畫

1. 〈九品官人法——六朝的選舉制〉，鄭欽仁，國科會論文，七十一年，H○七八。

四　畫

1. 〈中國古代家族之形成及其流變〉，王師夢鷗，《政治大學學報》第五期。

2. 〈中國固有大學之演進〉，黃振球，《台灣省立師範大學教育研究所集刊》第二輯。

3. 〈中國家族制度與儒家倫理思想〉，楊亮功，《食貨月刊》第十一卷第四期。

4. 〈中國傳統社會的重心——家族〉，杜正勝，《歷史月刊》第十二期。

5. 〈中華家庭傳統的女教觀念〉，謝康，《中山學術文化集刊》第六期。

五　畫

1. 〈北魏門閥社會徵略〉，謝之渤，《學原》第二卷第二期。

六 畫

1. 〈自傳文研究〉，廖卓成，台灣大學中國文學研究所，博士論文，八十一年。

八 畫

1. 〈近六十年來國人對魏晉南北朝史的研究〉，劉顯叔，《史學彙刊》第四期。
2. 〈兩晉南北朝孝義風氣的提倡〉，羅炳錦，《人生》第二十三卷第三期。
3. 〈兩晉南北朝的客、門生、故吏、義附、部曲〉，鞠清遠，《食貨半月刊》第二卷第十二期。

九 畫

1. 〈南人北人互相輕蔑〉，李則芬，《兩晉南北朝歷史論文集（下冊）》。
2. 〈南朝的門第〉，何啓民，《中古門第論集》。

十 畫

1. 〈晉的占田與課田的考察〉，曾謇，《食貨半月刊》第五卷第八期。
2. 〈家訓文學源流（上）、（中）、（下）〉，周法高，《大陸雜誌》第二十二卷第二期、第三期、第四期。
3. 〈晉時南北人相輕〉，許世瑛，《大陸雜誌》，第一卷第六期。

十一畫

1. 〈從族譜家訓看家〉，陳捷先，《歷史月刊》，第十二期。
2. 〈略論魏晉南北朝學術文化與當時門第之關係〉，錢穆，《中國學術思想史論叢（三）》。
3. 〈從雕飾到放蕩的文章論〉，王師夢鷗，《古典文學論探索》。

十三畫

1. 〈傳統文化中的家族觀念〉，周師何，《中國文化復興論叢》第八集。
2. 〈傳統家族試論〉，杜正勝，《大陸雜誌》第六十五卷第二期。
3. 〈試論明清家訓所蘊含的成就評價與經濟倫理〉，宋光宇，《漢學研究》第七卷第一期。
4. 〈試論魏晉士風不競之成因〉，鄺士元，《魏晉南北朝研究論集》。

十四畫

1. 〈誡子叢說〉，蔡信發，《孔孟月刊》第二十卷第十期。
2. 〈漢魏六朝文體變遷之一考察〉，王師夢鷗，《傳統文學論衡》。

十六畫

1. 〈選文〉，魯迅，《集外集》。

十八畫

1. 〈顏之推之人生哲學與教育思想〉，伍振鷟，《教育研究所集刊》第二期。

2. 〈顏之推年譜〉，繆鉞，《真理雜誌》第一卷第四期。

3. 《顏氏家訓研究》，顏廷璽，文化大國文學研究所，碩士論文，六十四年。

4. 〈顏氏家訓闡論〉，龔菱，《台北商專學報》第一期。

5. 〈顏之推及其思想述要〉，林文寶，《台東師專學報》第五期。

6. 《顏之推及其家訓之研究》，尤雅姿，台灣師範大學國文研究所，博士論文，八十年。

7. 〈魏晉南北朝之九品中正制度〉，方炳林，《台灣省立師範大學教育研究所集刊》第二輯。

8. 〈魏晉南北朝文學之發展〉，王師夢鷗，《傳統文學論衡》。

9. 〈魏晉南北朝階級結構試析〉，朱大渭，《魏晉南北朝史研究》。

10. 〈魏晉南北朝時期漢人民族觀念之特質〉，黃寶實，《大陸雜誌》第十九卷第四期。

11. 〈魏晉風度及文章與藥及酒之關係〉，魯迅，《而已集》。

十九畫

1. 〈關於陶淵明〉，逯欽立，《陶淵明集‧附錄》。

附錄一　上古至魏晉南北朝家訓一覽表

朝　代	作　者	篇　名	載　記　處
上古三代	商　湯	嫁妹辭	《全上古三代文一》、《困學紀聞一》
	周文王	詔太子發	《全上古三代文二》、《逸周書・文儆篇》、《誡子通錄一》
		遺誡	《全上古三代文二》
	周成王	顧命	《尚書・顧命》、《誡子通錄一》
	周　公	誡子伯禽	《史記・魯周公世家》、《誡子通錄一》
		誡成王	《史記・魯周公世家》
		遺言	《史記・魯周公世家》
	尹　逸	遺言　四則	《全上古三代文二》、《左傳成公四年》、〈僖公十五年〉、〈文公十五年〉、〈襄公十四年〉、《國語・周語》
	季孫行父	誡子	《全上古三代文三》、《說苑・至公篇》
	田　常	遺令	《全上古三代文八》、《呂氏春秋・順民篇》
	蒍敖（孫叔敖）	將死誡其子	《全上古三代文九》、《呂氏春秋・異寶篇》、《誡子通錄一》
	沈諸梁（葉公）	顧命	《全上古三代文九》、《逸周書・祭公篇》、《誡子通錄一》
	趙　鞅	自爲二書牘與二子	《全上古三代文十一》、《韓詩外傳》
	任　公	家規	《史記・貨殖列傳》
西　漢	漢高祖（劉邦）	手敕太子五則	《全漢文一》、《古文苑十》
	漢武帝（劉徹）	詔封皇子制三則	《全漢文三》、《史記・三王世家》、《誡子通錄一》
	程　姬	遺孫女徵臣書	《全漢文十》、《漢書・江都易王非傳》
	孔　鮒	將沒誡子弟	《全漢文十三》、《孔叢子・答問篇》
	孔　臧	與子琳書	《全漢文十三》、《孔叢子・連叢篇上》、《藝文類聚五十五》、《誡子通錄三》
	楊　貴	病且終令其子	《全漢文二二》、《漢書・楊王孫傳》
	東方朔	誡子	《全漢文二五》、《漢書・東方朔傳》、《東方大中集》、《藝文類聚二十三》、《太平御覽四五九》、《誡子通錄三》
	韋玄成	誡子孫詩	《先秦漢魏晉南北朝詩・漢詩二》
	歐陽地餘	誡子	《全漢文三十三》、《漢書・歐陽地餘傳》、《誡子通錄一》

西　漢	劉　向	誡子歆書	《全漢文三六》、《藝文類聚二十》、《太平御覽二二一》、《四五九》、《五四三》、《初學記十二》、《誡子通錄三》
	尹　賞	臨死誡諸子	《全漢文五十》、《漢書・尹賞傳》
	揚　雄	自敘傳	《揚侍郎集》
	陳　咸	誡子孫	《全漢文五五》、《漢書・陳寵傳》
	王　莽	策命孺子	《全漢文五九》、《漢書・王莽傳中》
東　漢	楊春卿	臨命誡子統	《全後漢文十一》、《後漢書・楊厚傳》
	張　純	臨終敕家丞歙	《全後漢文十二》、《後漢書・張奮傳》
	馬　援	誡兄子嚴敦書	《全後漢文十七》、《後漢書・馬援傳》、《藝文類聚二十三》、《誡子通錄三》
	馬　融	遺令　二則	《全後漢文十八》、《太平御覽六九一》、《七〇三》
		自敘	《全後漢文十八》、《世說新語・文學篇註》
	梁　商	病篤敕子冀等	《全後漢文二二》、《後漢書・梁商傳》
	樊　宏	誡子	《全後漢文二七》、《後漢書・樊宏傳》、《誡子通錄一》
		遺敕薄葬	《全後漢文二七》、《後漢書・樊宏傳》
	祭　肜	臨終敕其子逢參等	《全後漢文二七》、《後漢紀十》
	任　末	敕兄子造	《全後漢文二九》、《後漢書・任末傳》
	謝夷吾	敕子	《全後漢文二九》、《太平御覽五五六》
	袁　安	臨終遺令	《全後漢文三十》、《後漢紀十三》
	袁　閎	臨卒敕其子	《全後漢文三十》、《後漢書・袁閎傳》
	張　酺	敕子蕃	《全後漢文三一》、《後漢書・張酺》
	張　霸	遺敕諸子	《全後漢文四三》、《後漢書・張霸傳》、《誡子通錄一》
	崔　瑗	遺令子實	《全後漢文四五》、《後漢書・崔瑗傳》
	李　固	臨終敕子孫	《全後漢文四八》、《後漢書・李固傳註》
	周　磐	令二子	《全後漢文四八》、《後漢書・周磐傳》
	朱　寵	遺令	《全後漢文五六》、《後漢紀十八》
	趙　岐	遺令敕兄子	《全後漢文六二》、《後漢書・趙岐傳》
		臨終敕其子	《全後漢文六二》、《後漢書・趙岐傳》
	張　奐	誡兄子書	《全後漢文六四》、《藝文類聚二三》、《誡子通錄三》
		遺命諸子	《全後漢文六四》、《後漢書・張奐傳》
	趙　咨	遺書敕子胤	《全後漢文六六》、《後漢書・趙咨傳》
	荀　悅	家令說太公論	《荀侍中集》
	范　冉	遺令敕子	《全後漢文六八》、《後漢書・范冉傳》
	蔡　邕	女訓	《全後漢文七四》、《太平御覽五七七》、《誡子通錄八》
		女誡	《全後漢文七四》、《太平御覽三六五》、〈四五九〉、〈七一四〉、〈七一八〉、〈七二〇〉
	酈　炎	遺書令四則	《全後漢文八二》、《古文苑十》

東　漢	鄭　玄	誡子益恩書	《全後漢文八四》、《後漢書·鄭玄傳》、《藝文類聚二三》、《太平御覽四五九》、《誡子通錄三》
		自敘	《全後漢文八四》、《文苑英華七六六》
	張　逸	遺令	《全後漢文八四》、《太平御覽八六〇》
	陰長生	自敘	《全後漢文一〇六》、《太平御覽六六四》、《太平廣記八》
	班　昭	女誡	《全後漢文九六》、《後漢書·班昭傳》、《誡子通錄八》
	杜泰姬	教子	《全後漢文九六》、《華陽國志十下》
		誡諸女及婦	《全後漢文九六》、《華陽國志十下》
	楊禮珪	敕二婦	《全後漢文九六》、《華陽國志十下》
	李文姬	敕弟燮	《全後漢文九六》、《後漢書·李固傳》、《華陽國志十下》
	陳惠謙	誡兄子伯恩	《全後漢文九六》、《華陽國志十下》
三　國 （魏）	魏武帝（曹操）	諸兒令	《全三國文二》、《魏武帝集》、《太平御覽四二九》
		誡子彰	《三國志·魏志·任城王傳》
		誡子植	《全三國文三》、《三國志·魏志·陳思王傳》
		內誡令九則	《全三國文三》、《魏武帝集》、《太平御覽一八九》、《三四五》、《六九一》、《六九七》、《七五六》、《九八一》、《九八二》、《北堂書鈔一三六》
		終令	《全三國文三》、《三國志·魏志·武帝紀》、《魏武帝集》
		遺令	《全三國文三》、《三國志·魏志·武帝紀》、《魏武帝集》、《太平御覽五〇〇》、〈五六〇〉、〈六八七〉、〈六九七〉、〈六九九〉、〈八二〇〉、〈八五九〉
	魏文帝（曹丕）	誡子	《全三國文七》、《太平御覽四五九》、《誡子通錄一》
		內誡	《全三國文八》、《魏文帝集》、《藝文類聚三五》、《太平御覽四七八》
		自敘	《全三國文八》、《三國志·魏志·文帝紀註》、《魏文帝集》
	文德郭后	敕諸家	《全三國文十二》、《三國志·魏志·文德郭后傳》
		敕誡郭表孟武等	《全三國文十二》、《三國志·魏志·文德郭后傳註》
		止孟武厚葬其母	《全三國文十二》、《三國志·魏志·文德郭后傳》
		敕外親劉斐	《全三國文十二》、《三國志·魏志·文德郭后傳》
	中山王（曹衮）	令世子	《全三國文二十》、《三國志·魏志·中山恭王衮傳》、《誡子通錄一》
		遺令	《三國志·蜀志·中山恭王衮傳》
	高貴鄉公（曹髦）	自敘	《全三國文十一》、《三國志·魏志·高貴鄉公傳註》
	公孫瓚	遺行人文則齎書告子續	《全後漢文八五》、《三國志·魏志·公孫瓚傳註》

	司馬徽	誡子書	《全後漢文八六》、《藝文類聚二三》、《誡子通錄三》
三　國 （魏）	繁　欽	川里先生訓	《全後漢文九三》、《藝文類聚九三》
	王　脩	誡子書	《全後漢文九四》《藝文類聚二三》、《太平御覽四五九》、《誡子通錄三》
	王　肅	家誡	《全三國文二三》、《藝文類聚二三》、《誡子通錄一》
	韓　暨	臨終遺言	《全三國文二六》、《三國志‧魏志‧韓暨傳註》
	裴　潛	遺令子秀儉葬	《全三國文二六》、《三國志‧魏志‧裴潛傳》
	劉　廙	誡弟偉	《全三國文三四》、《三國志‧魏志‧劉廙傳註》
	沐　並	預作終制誡子孫儉葬	《全三國文三五》、《三國志‧魏志‧沐並傳註》
		又敕	《全三國文三五》、《三國志‧魏志‧沐並傳註》
		又誡	《全三國文三五》、《三國志‧魏志‧沐並傳註》
	王　觀	遺令	《全三國文三六》、《三國志‧魏志‧王觀傳》
	王　昶	家誡	《全三國文三六》、《藝文類聚二三》、《太平御覽六九四》、《誡子通錄三》
	郝　昭	遺令誡子凱	《全三國文三六》、《三國志‧魏志‧明帝紀註》
	杜　恕	家事誡	《全三國文四一》、《三國志‧魏志‧邴原傳註》、《太平御覽五九三》、《誡子通錄一》
	殷　褒	誡子書	《全三國文五一》、《藝文類聚二三》、《誡子通錄三》
	嵇　康	家誡	《全三國文五一》、《嵇中散集》、《誡子通錄一》
三　國 （蜀）	蜀漢昭帝（劉備）	敕後主詔	《全三國文五七》、《三國志‧蜀志‧諸葛亮傳》、《華陽國志六》、《誡子通錄一》
		遺詔敕後主	《全三國文五七》、《三國志‧蜀志‧先主備傳註》
	諸葛亮（孔明）	誡子書二則	《全三國文五九》、《諸葛丞相集》、《誡子通錄三》
		誡外生	《全三國文五九》、《諸葛丞相集》
	向　朗	遺言誡子	《全三國文六一》、《三國志‧蜀志‧向朗傳註》、《誡子通錄一》
	張　紘	臨困授子靖留牋	《全後漢文八六》、《三國志‧吳志‧張紘傳》
	諸葛瑾	遺令	《三國志‧吳志‧諸葛瑾傳》
	潘　濬	疏責子翥	《全三國文六七》、《三國志‧吳志‧潘濬傳》
	姚　信	誡子書	《全三國文七一》、《藝文類聚二三》、《誡子通錄三》
	李　衡	臨死敕其子	《全三國文七三》、《水經‧浪水註》
西　晉	安平獻王（司馬孚）	臨終遺令	《全晉文十四》、《晉書‧安平王孚傳》
	東海王（司馬越）	敕世子毗	《全晉文十五》、《世說新語‧賞譽篇》、《誡子通錄三》
	王　祥	訓子孫遺令	《全晉文十八》、《晉書‧王祥傳》、《誡子通錄一》
	石　苞	終制	《全晉文三三》、《晉書‧石苞傳》
	庾　峻	遺敕子珉	《全晉文三六》、《太平御覽五五四》

西　晉	羊　祜	誡子書	《全晉文四一》、《藝文類聚二三》、《太平御覽六八七》、《誡子通錄三》
	杜　預	與子耽書	《全晉文四三》、《杜征南集》
		自述	《全晉文四三》、《北堂書鈔九七》
		遺令	《全晉文四三》、《晉書・杜預傳》、《杜征南集》、《太平御覽五五四》、《北堂書鈔一六〇》
	傅　暢	自敘	《全晉文五二》、《太平御覽二六五》、〈六九一〉
	李　秉	家誡	《全晉文五三》、《三國志・魏志・李通傳註》
	趙　至	自敘	《全晉文六七》、《太平御覽三六六》
	夏侯湛	昆弟誥	《全晉文六八》、《晉書・夏侯湛傳》、《夏侯常侍集》
		遺命	《晉書・夏侯湛傳》
	皇甫謐	自敘	《全晉文七一》、《太平御覽七三七》
		篤終	《全晉文七一》、《晉書・皇甫謐傳》
	譙　周	遺囑	《全晉文七十》、《三國志・蜀志・譙周傳》
	陸　喜	自敘	《全晉文八一》、《晉書・陸喜傳》
東　晉	謝　混	誡族子詩	《先秦漢魏晉南北朝詩・晉詩十四》、《宋書・謝弘微傳》
	郭　翻	遺令	《太平御覽五五五》
	陶　潛	與子儼等書	《全晉文一一一》、《宋書・陶潛傳》、《南史・陶潛傳》、《陶彭澤集》、《藝文類聚二三》、《太平御覽五九三》
		命子詩十則	《宋書・陶潛傳》、《陶彭澤集》、《誡子通錄四》、《先秦漢魏晉南北朝詩・晉詩十六》
		責子詩	《陶彭澤集》、《先秦漢魏晉南北朝詩・晉詩十七》
	杜　夷	遺命	《全晉文一一六》、《晉書・杜夷傳》
	梅　陶	自敘	《全晉文一二八》、《太平御覽二二六》、〈六四九〉、《北堂書鈔三七》、《初學記十二》
前　燕	鞠　彭	誡子殷書	《全晉文一四九》
	明　岌	將死誡其子	《全晉文一四九》、《北堂書鈔一六〇》
後　燕	慕容垂	遺令	《全晉文一五〇》、《晉書・載記・慕容垂傳》
前　涼	張　軌	遺令	《全晉文一五四》、《晉書・張軌傳》
	張　茂	遺令	《全晉文一五四》、《晉書・張茂傳》
南　涼	禿髮利鹿孤	遺令	《全晉文一五四》、《晉書・載記・禿髮利鹿孤傳》
西　涼	李　暠	手令誡諸子	《全晉文一五五》、《晉書・涼武昭王傳》、《誡子通錄三》
		寫諸葛亮訓誡應璩奉諫以勖諸子	《全晉文一五五》、《晉書・涼武昭王傳》
南　朝（宋）	文帝（劉義隆）	誡江夏王義恭書　二則	《全宋文四》、《宋書・江夏王義恭傳》
	孝武帝（劉駿）	答子業	《全宋文六》、《宋書・前廢帝紀》
	范　曄	獄中與諸甥姪書以自敘	《全宋文十五》、《宋書・范曄傳》、《太平御覽五八五》
	王敬弘	與子恢之書	《全宋文十七》、《宋書・王敬弘傳》
	王　微	遺令	《全宋文十九》、《宋書・王微傳》

	雷次宗	與子姪書	《全宋文二九》、《宋書・雷次宗傳》
南　朝	謝靈運	自敘	《謝康樂集二》
（宋）	顏延之	庭誥　二則	《全宋文三六》、《宋書・顏延之傳》、《顏光祿集》、《藝文類聚二三》、〈三五〉、《初學記十八》、〈太平御覽四一六〉、〈四七七〉、〈五九三〉、〈八七一〉
	高帝（蕭道成）	敕世子賾	《全齊文三》、《南史・武陵王曄傳》
	武帝（蕭賾）	敕廬陵王子卿	《全齊文四》、《南齊書・廬陵王子卿傳》
	豫章王（蕭嶷）	誡諸子	《全齊文六》、《南史・豫章王嶷傳》、《誡子通錄一》
		遺令	《全齊文六》、《南齊書・預章王嶷傳》
南　朝	新吳侯（蕭景先）	遺言	《全齊文八》、《南齊書・蕭景先傳》
（齊）	王秀之	遺令	《全齊文十三》、《南史・王秀之傳》
	張　融	誡子	《全齊文十五》、《張長史集》、《南齊書・張融傳》
		遺令　二則	《全齊文十五》、《南齊書・張融傳》
	崔慰祖	遺令	《全齊文二五》、《南齊書・崔慰祖傳》、《南史・崔慰祖傳》
		敕晉安王	《全梁文四》、《梁書・孔休源傳》
	武帝（蕭衍）	敕湘東王	《全梁文四》、《梁書・到溉傳》
		手敕報皇太子	《全梁文四》、《梁武帝集》、《隋書・刑法志》
		敕太子進食	《全梁文四》、《梁書・昭明太子傳》、《梁武帝集》
	簡文帝（蕭綱）	誡當陽公大心書	《全梁文十一》、《梁簡文帝集一》、《藝文類聚二五》、《誡子通錄一》
		幽繫題壁自敘	《梁簡文帝集一》
		終制	《金樓子二》
	元帝（蕭繹）	誡子	《金樓子二》
		自敘	《金樓子六》
	蕭子顯	自敘	《全梁文二三》、《梁書・蕭子顯傳》
	江　淹	自敘傳	《全梁文三九》、《江醴陵集一》、《藝文類聚五五》
南　朝	孫　謙	誡外孫荀匠	《全梁文四十》、《梁書・荀匠傳》
（梁）		臨終遺命	《全梁文四十》、《南史・孫謙傳》
	沈麟士	終制遺令	《全梁文四十》、《南史・沈麟士傳》
	顧憲之	終制	《全梁文四十》、《梁書・顧憲之傳》
	陶弘景	遺令	《全梁文四七》、《南史・陶弘景傳》
	袁　昂	臨終敕諸子	《全梁文四十八》、《梁書・袁昂傳》、《南史・袁昂傳》
	徐　勉	誡子崧書	《全梁文五十》、《梁書・徐勉傳》、《藝文類聚三二》、《誡子通錄三》
	劉　峻	自敘	《全梁文五七》、《梁書・劉峻傳》、《劉戶曹集》
	王　筠	與諸兒書論家世集	《全梁文六五》、《梁書・王筠傳》、《王詹事集》
		自敘	《全梁文六五》、《梁書・王筠傳》、《南史・王筠傳》、《王詹事集》

南　朝 （陳）	周弘直	遺疏敕其家	《全陳文五》、《陳書・周弘直傳》
	袁　泌	臨終誡子蔓華	《全陳文十三》、《陳書・袁泌傳》
	謝　貞	遺疏告族子凱	《全陳文十六》、《陳書・謝貞傳》、《南史・謝貞傳》
	江　總	自敘	《全隋文十》、《陳書・江總傳》
	姚　察	遺命	《全隋文十三》、《陳書・姚察傳》
北　朝 （北魏）	孝文帝（元宏）	手詔皇太子	《全後魏文七》、《魏書・彭城王勰傳》
		誡高陽王雍	《全後魏文七》、《魏書・高陽王雍傳》
		誡河南王幹	《全後魏文七》、《魏書・河南王幹傳》
		誡太子恂以冠義	《全後魏文七》、《魏書・廢太子恂傳》
	崔光韶	誡子孫	《全北魏文二三》、《魏書・崔光韶傳》
	崔　岡	誡二子	《北史・崔岡傳》、《誡子通錄一》
	崔　休	誡諸子	《全後魏文二三》、《北史・崔休傳》
	崔　光	疾甚敕子侄	《全後魏文二四》、《魏書・崔光傳》
	源　賀	遺令敕諸子	《全後魏文二七》、《魏書・源賀傳》、《誡子通錄一》
	程　駿	遺令	《全後魏文三二》、《魏書・程駿傳》、《北史・程駿傳》
	崔孝直	顧命諸子	《全後魏文四十》、《魏書・崔孝直傳》
	楊　椿	誡子孫	《全後魏文四一》、《魏書・楊播傳》、《誡子通錄三》
	裴　植	臨終遺令子弟	《全後魏文四九》、《魏書・裴植傳》
	魏子建	疾篤敕子收祚	《全後魏文四九》、《魏書・自敘》
	宋　隱	臨終誡子侄	《魏書・宋隱傳》、《誡子通錄一》
	李　彥	臨終遺誡其子昇明等	《全後魏文五三》、《北史・李彥傳》
	雷　紹	遺敕其子	《全後魏文五四》、《北史・雷紹傳》
北　朝 （北齊）	神武帝（高歡）	顧命	《全北齊文一》、《北齊書・段韶傳》
		敕子澄書	《全北齊文一》、《北史・司馬子如傳》
	魏　收	枕中篇	《全北齊文四》、《北齊書・魏收傳》、《誡子通錄四》
	顏之推	顏氏家訓	《顏氏家訓》、《誡子通錄二》
北　朝 （北周）	韋　夐	誡子世康等	《全後周文六》、《周書・韋夐傳》
	王　褒	幼訓	《全北周文七》、《梁書・王規傳》、《王司空集》、《誡子通錄三》

說明：本表僅列篇名內容俱存者，其僅存篇名，如《魏書》所載張烈〈家誡〉、刁雍〈教誡〉、甄琛〈家誨〉（以上各見本傳）；《隋書・經籍志》所載明岌《明氏家訓》等，因其內容已佚，無從考察，是以不予採錄。至如宋劉清之《誡子通錄》或史籍所載此代家長對子弟隻言片語式之口頭告誡，因零星散列，故僅作行文之參考，亦不採錄於此表中。

附錄二　家訓文選

魏文帝曹丕〈自敘〉

　　初平之元，董卓殺主鴆后，蕩覆王室，是時四海既困中平之政，兼惡卓之凶逆，家家思亂，人人自危。山東牧守，咸以《春秋》之義，「衛人討州吁於濮」，言人人皆得討賊。於是大興義兵，名豪大俠，富室強族，飄揚雲會，萬里相赴；兗、豫之師戰於滎陽，河內之甲軍於孟津。卓遂遷大駕，西都長安。而山東大者連郡國，中者嬰城邑，小者聚阡陌，以還相吞滅。會黃巾盛於海、岱，山寇暴於并、冀，乘勝轉攻，席卷而南，鄉邑望煙而奔，城郭睹塵而潰，百姓死亡，暴骨如莽。

　　余時年五歲，上以世方擾亂，教余學射，六歲而知射；又教余騎馬，八歲而能騎射矣。以時之多故，每征，余常從。建安初，上南征荆州，至宛，張繡降。旬日而反，亡兄孝廉子修、從兄安民遇害。時余年十歲，乘馬得脫。夫文武之道，各隨時而用，生於中平之季，長於戎旅之間，是以少好弓馬，於今不衰；逐禽輒十里，馳射常百步，日多體健，心每不厭。建安十年，始定冀州，濊、貊貢良弓，燕、代獻名馬。時歲之暮春，勾芒司節，和風扇物，弓燥手柔，草淺獸肥，與族兄子丹獵於鄴西，終日手獲麞鹿九，雉兔三十。後軍南征次曲蠡，尚書令荀彧奉使犒軍，見余談論末，或言：「聞君善左右射，此實難能。」余言：「執事未睹乎項發口縱，俯馬蹄而仰月支也。」或喜笑曰：「乃爾！」余曰：「埒有常徑，的有常所，雖每發輒中，非至妙也。若馳平原，赴豐草，要狡獸，截輕禽，使弓不虛彎，所中必洞，斯則妙矣。」時軍祭酒，張京在坐，顧彧拊手曰「善」。

　　余又學擊劍，閱師多矣，四方之法各異，唯京師為善。桓、靈之間有虎賁王越善斯術，稱於京師。河南史阿言昔與越遊，具得其法，余從阿學之精熟。嘗與平虜將軍劉勳、奮威將軍鄧展等共飲，宿聞展善有手臂，曉五兵，又稱其能空手入白刃。余與論劍良，謂言將軍法非也，余顧嘗好之，又得善術，因求與余對。時酒酣耳熱，

方食甘蔗，便以爲杖，下殿數交，三中其臂，左右大笑。展意不平，求更爲之。余言吾法急屬，難相中面，故齊臂耳。展言願復一交，余知其欲突以取交中也，因僞深進，展果尋前，余卻腳鄖，正截其顙，坐中驚視。余還坐，笑曰：「昔陽慶使淳于意去其故方，更授以祕術，今余亦願鄧將軍捐棄故伎，更受要道也。」一坐盡歡。

　　夫事不可自謂己長，余少曉持複，自謂無對；俗名雙戟爲坐鐵室，鑲楯爲蔽木戶；後從陳國袁敏學，以單攻複，每爲若神，對家不知所出，先日若逢敏於狹路，直決耳！余施他戲弄之事少所喜，唯彈棋略盡其巧，少爲之賦。昔京師先工有馬合鄉侯、東方安世、張公子，常恨不得與彼數子者對。上雅好詩書文籍，雖在軍旅，手不釋卷，每每定省從容，常言人少好學則思專，長則善忘，長大而能勤學者，唯吾與袁伯業耳。余是以少誦詩、論，及長而備歷《五經》、《四部》、《史》、《漢》、諸子百家之言，靡不畢覽。

魏・嵇康〈家誡〉

　　人無志，非人也。但君子用心，有所準行。自當量其善者，必擬議而後動。若志之所之，則口與心誓，守死無貳，恥躬不逮，期於必濟。若心疲體懈，或牽於外物，或累於內欲；不堪近患，不忍小情，則議於去就。議於去就，則二心交爭。二心交爭，則向所以見役之情勝矣。或有中道而廢，或有不成一簣而敗之。以之守則不固，以之攻則怯弱，與之誓則多違，與之謀則善泄。臨樂則肆情，處逸則極意。故雖榮華熠耀，無結秀之勳；終年之勤，無一旦之功，斯君子所以嘆息也。若夫申胥之長吟，夷叔之全潔，展季之執信，蘇武之守節，可謂固矣。故以無心守之，安而體之，若自然也，乃是守志之盛者也。

　　所居長吏，但宜敬之而已矣。不當極親密，不宜數往，往當有時。其眾人，又不當宿留。所以然者，長吏喜問外事，或時發舉，則怨或者謂人所說，無以自免也。若行寡言，慎備自守，則怨責之路解矣。

　　其立身當清遠。若有煩辱，欲人之盡命，託人之請求，當謙辭口謝。其素不豫此輩事，當相亮耳。若有怨急，心所不忍，可外違拒，密爲濟之。所以然者，上遠宜適之幾，中絕常人淫輩之求，下全束修無玷之稱，此又秉志之一隅也。

　　凡行事先自審其可，不差於宜，宜行此事，而人欲易之，當說宜易之理。若使彼語殊佳者，勿羞折遂非也。若其理不足，而更以情求來守。人雖復云云，當堅執所守，此又秉志之一隅也。

　　不須行小小束脩之意氣，若見窮乏而有可以賑濟者，便見義而作。若人從我，欲有所求，先自思省：若有所損廢多，於今日所濟之義少，則當權其輕重而距之。

雖復守辱不已，猶當絕之。然大率人之告求，皆彼無我有，故來求我，此爲與之多也。自不如此而爲輕竭，不忍面言，強副小情，未爲有志也。

夫言語君子之機，機動物應，則是非之形著矣。故不可不愼。與於意不善了，而本意欲言，則當懼有不了之失，且權忍之，後視向不言此事，無他不可，則向言或有不可，然則能不言，全得其可矣。且俗人傳吉遲，傳凶疾，又好議人之過闕，此常人之議也。

坐言所言，自非高議。但是動靜消息，小小異同，但當高視，不足和答也。非義不言，詳靜敬，豈非寡悔之謂？人有相與變爭，未知得失所在，愼勿豫之也。且默以觀之，其非行自可見。或有小是不足是，小非不足非；至竟可不言以待之。就有人問者，猶當辭以不解，近論議亦然。

若會酒坐，見人爭語，其形勢似欲轉盛，便當盃舍去之。此將鬥之兆也。坐視必見曲直，儻不能不有言，有言必是在一人，其不是者方自謂爲直，則謂曲我者有私於彼，便怨惡之情生矣。或便獲悖辱之言，正坐視之，大見是非而爭不了，則仁而無武，於義無可，當遠之也。然都大爭訟者小人耳，正復有是非，共濟汙漫，雖勝可足稱哉？就不得遠，取醉爲佳。若意中偶有所諱，而彼必欲知者，共守大不已，或劫以鄙情，不可憚此小輩，而爲所撓，引以盡其言。今正堅語，不知不識，方爲有志耳。自非知舊鄰比，庶幾以下，欲請呼者，當辭以他故，勿往也。

外榮華則少欲，自非至急，終無求欲，上美也。不須作小小卑恭，當大謙裕；不須作小小廉恥，當全大讓；若臨朝讓官，臨義讓生，若孔文舉求代兄死，此忠臣烈士之節。

凡人自有公私，愼勿強知人知。彼知我知之，則有忌於我。今知而不言，則便是不知矣。若見竊語私議，便舍起，勿使忌人也。或時逼迫，強與我共說，若其言邪險，則當正色以道義正之。何者？君子不容偏薄之言故也。一旦事敗，便言某甲皆知吾事，是以宜備之深也。凡人私語，無所不有，宜預以爲意，見之而走。或偶知其私事，與同則不可，不同則彼恐事泄，思害人以滅跡也。非意所欽者，而來戲調，蚩笑人之闕者，但莫應。從小共轉至於不共；亦勿大求矜趨，以不言答之。勢不得久，行自止也。

自非所監臨，相與無他宜適。有壺榼之意，束修之好，此人道所通，不須逆也。過此以往，自非通穆。匹帛之饋，車服之贈，當深絕之。何者？常人皆薄義而重利，今以自竭者，必有爲而作。損貨徼歡，施而求報，其俗人之所甘願，而君子之所大惡也。

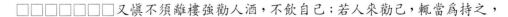又愼不須離樓強勸人酒，不飲自己；若人來勸己，輒當爲持之，

勿稍逆也，見醉薰薰便止，愼不當至困醉，不能自裁也。

西晉・皇甫謐〈篤終〉

　　玄晏先生以爲存亡天地之定制，人理之必至也。故禮六十而制壽，至於九十，各有等差，防終以素，豈流俗之多忌者哉！吾年雖未制壽，然嬰疢彌紀，仍遭喪難，神氣損劣，困頓數矣。常懼天隕不期，慮終無素，是以略陳至懷。

　　夫人之所貪者，生也；所惡者，死也。雖貪，不得越期；雖惡，不可逃遁。人之死也，精歇形散，魂無不之，故氣屬於天；寄命終盡，窮體反眞，故尸藏於地。是以神不存體，則與氣升降；尸不久寄，與地合形。形神不隔，天地之性也；尸與土并，反眞之理也。今生不能保七尺之軀，死何故隔一棺之土？然則衣衾所以穢尸，棺槨所以隔眞，故桓司馬石槨不如速朽；季孫璵璠比之暴骸；文公厚葬，《春秋》以爲華元不臣；楊王孫親土，《漢書》以爲賢於秦始皇。如令魂必有知，則人鬼異制，黃泉之親，死多於生，必將備其器物，用待亡者。今若以存況終，非即靈之意也。如其無知，則空奪生用，損之無益，而啓姦心，是招露形之禍，增亡者之毒也。

　　夫葬者，藏也；藏也者，欲人之不得見也。而大爲棺槨，備贈存物，無異於埋金路隅而書表於上也。雖甚愚之人，必將笑之。豐財厚葬以啓姦心，或剖破棺槨，或牽曳形骸，或剝臂捋金環，或捫腸求珠玉。焚如之形，不痛於是？自古及今，未有不死之人，又無不發之墓也。故張釋之曰：「使其中有欲，雖固南山猶有隙；使其中無欲，雖無石槨，又何戚焉！」斯言達矣，吾之師也。夫贈終加厚，非厚死也，生者自爲也。遂生意於無益，棄死者之所屬，知者所不行也。《易》稱「古之葬者，衣之以薪，葬之中野，不封不樹」。是以死得歸眞，亡不損生。

　　故吾欲朝死夕葬，夕死朝葬，不設棺槨，不加纏斂，不修沐浴，不造新服，殯唅之物，一皆絕之。吾本欲露形入阬，以身親土，或恐人情染俗來久，頓革理難，今故牸爲之制。奢不石槨，儉不露形。氣絕之後，便即時服，幅巾故衣，以籧篨裹尸，麻約二頭，置尸床上。擇不毛之地，穿阬深十尺，長一丈五尺，廣六尺，阬訖，舉床就阬，去床下尸。平生之物，皆無自隨，唯齎《孝經》一卷，示不忘孝道。籧篨之外，便以親土。土與地平，還其故草，使生其上，無種樹木、削除，使生跡無處，自求不知。不見可欲，則姦不生心，終始無恍惕，千載不慮患。形骸與后土同體，魂爽與元氣合靈，眞篤愛之至也。若亡有前後，不得移祔。祔葬自周公來，非古制也。舜葬蒼梧，二妃不從，以爲一定，何必周禮。無問師工，無信卜筮，無拘俗言，無張神坐，無十五日朝夕上食。禮不墓祭，但月朔於家設席以祭，百日而止。臨必昏明，不得以夜。制服常居，不得墓次。夫古不崇墓，智也。今之封樹，愚也。

若不從此，是戮尸地下，死而重傷。魂而有靈，則冤悲沒世，長爲恨鬼。王孫之子，可以爲誡。死誓難違，幸無改焉！

東晉‧陶潛〈與子儼等書〉

　　告儼、俟、份、佚、佟：天地賦命，有往必終，自古聖賢，誰能獨免。子夏有言：「死生有命，富貴在天。」四友之人，親受音旨，發斯談者，豈非窮達不可妄求，壽夭永無外請故邪！

　　吾年過五十，而窮苦荼毒，以家貧弊，東西遊走。性剛才拙，與物多忤。自量爲己，必貽俗患，僶俛辭世，使汝幼而饑寒耳。常感孺仲賢妻之言，敗絮自擁，何慚兒子。此既一事矣。但恨鄰靡二仲，室無萊婦，抱茲苦心，良獨罔罔。

　　少年來好書，偶愛閒靜，開卷有得，便欣然忘食。見樹木交蔭，時鳥變聲，亦復歡爾有喜。嘗言五六月北窗下臥，遇涼風暫至，自謂是羲皇上人。意淺識陋，日月遂往，機巧好疏，緬求在昔，眇然如何。

　　疾患以來，漸就衰損，親舊不遺，每以藥石見救，自恐大分將有限也。恨汝輩稚小，家貧無役，柴水之勞，何時可免，念之在心，若何可言。然雖不同生，當思四海皆弟兄之義。鮑叔、敬仲，分財無猜；歸生、武舉，班荊道舊，遂能以敗爲成，因喪立功，他人尚爾，況共父之人哉。穎川韓元長，漢末名士，身處卿佐，八十而終，兄弟同居，至於沒齒。濟北氾稚春，晉時操行人也，七世同財，家人無怨色，《詩》云：「高山仰止，景行行止。」汝其慎哉！吾復何言。